MOPP GATA MAT
KOKBOK

100 enkel koreansk mat från gatorna i Seoul

Lena Löfgren

INNEHÅLLSFÖRTECKNING

4

INTRODUKTION

Kliv in i den pulserande världen av koreansk gatumat med "Mopp Gata Mat Kokbok: 100 Enkla koreanska livsmedel från Gatas i Seoul." Seoul, Sydkoreas livliga huvudstad, är känd för sin dynamiska gatumatkultur, där livliga marknader och livliga matstånd erbjuder ett lockande utbud av smaker och aromer. I den här kokboken inbjuder vi dig att ge dig ut på en kulinarisk resa genom Seouls livliga gator och utforska 100 läckra och autentiska koreanska recept som fångar essensen av denna livliga matscen.

Koreansk gatumat, känd som "mopp" på koreanska, kännetecknas av dess djärva smaker, uppfinningsrika kombinationer och tröstande enkelhet. Från krispig stekt kyckling och salta pannkakor till kryddiga riskakor och smakrika soppor, varje rätt i den här kokboken är ett bevis på koreanska gatuförsäljares kreativitet och uppfinningsrikedom. Oavsett om du är en erfaren husmanskock eller en nyfiken matentusiast, hittar du något att älska på dessa sidor.

Med tydliga instruktioner, användbara tips och fantastisk fotografering gör " Mopp Gata Mat Kokbok " det enkelt att återskapa Seouls smaker i ditt eget kök. Oavsett om du är sugen på ett snabbt och tillfredsställande mellanmål eller planerar en festlig koreansk festmåltid, kommer dessa recept att transportera dig till Seouls livliga gator, där doften av fräsande kött och sjudande buljonger fyller luften.

Så ta dina ätpinnar, elda upp spisen och gör dig redo att uppleva de oemotståndliga smakerna av koreansk gatumat. Oavsett om du lagar mat till dig själv, din familj eller en samling vänner, lovar " Mopp Gata Mat Kokbok " att glädja dina smaklökar och tända din passion för det koreanska köket.

FRUKOST

1.Kimchi pannkakor (Kimchijeon)

INGREDIENSER:

- 1 dl kimchi, hackad
- 1 kopp universalmjöl
- 1/2 kopp vatten
- 2 salladslökar, hackade
- 1 matsked vegetabilisk olja
- Sojadippsås (valfritt)

INSTRUKTIONER:

a) Kombinera hackad kimchi, mjöl, vatten och hackad salladslök i en mixerskål. Blanda väl tills en smet bildats.

b) Värm vegetabilisk olja i en non-stick stekpanna på medelhög värme.

c) Häll en slev av smeten i stekpannan, bred ut den till en tunn pannkaka.

d) Stek i 2-3 minuter på varje sida, eller tills de är gyllenbruna och krispiga.

e) Upprepa med resterande smet för att göra fler pannkakor.

f) Servera kimchipannkakorna varma, med sojadippsås om så önskas.

2.Äggbröd (Gyeran-Bbang)

INGREDIENSER:

- 1 kopp universalmjöl
- 1 matsked socker
- 1/2 tsk bakpulver
- Nypa salt
- 1 ägg
- 3/4 kopp mjölk
- Smör för att smörja pannan

INSTRUKTIONER:

a) I en bunke, vispa ihop mjöl, socker, bakpulver och salt.

b) Vispa ägget i en annan skål och blanda det med mjölk.

c) Tillsätt gradvis de våta ingredienserna till de torra ingredienserna, rör om tills de är väl kombinerade och slät.

d) Hetta upp en non-stick panna eller stekpanna på medelvärme och smörj lätt med smör.

e) Häll en slev smet i pannan för att bilda en liten cirkel.

f) Knäck ett ägg i mitten av smeten.

g) Koka i 2-3 minuter, eller tills kanterna stelnat.

h) Vänd försiktigt äggbrödet och låt koka i ytterligare 2-3 minuter, eller tills ägget är kokt efter eget tycke.

i) Upprepa med resterande smet för att göra mer äggbröd.

j) Servera äggbrödet varmt, eventuellt garnerat med hackad salladslök eller sesamfrön.

3.Hotteok (söta koreanska pannkakor)

INGREDIENSER:

- 1 kopp universalmjöl
- 1/2 dl ljummet vatten
- 1/4 kopp socker
- 1/2 tsk aktiv torrjäst
- Nypa salt
- 2 matskedar vegetabilisk olja
- Fyllning: hackade nötter, farinsocker, kanel (valfritt)
- Ytterligare vegetabilisk olja för stekning

INSTRUKTIONER:

a) I en mixerskål, lös upp socker och jäst i ljummet vatten. Låt det sitta i 5-10 minuter, eller tills det skummar.

b) Tillsätt mjöl och salt i jästblandningen. Blanda tills det är väl blandat.

c) Täck bunken med en kökshandduk och låt degen jäsa på en varm plats i ca 1 timme, eller tills den är dubbelt så stor.

d) Stansa ner den jästa degen och dela den i lika stora bollar.

e) Platta ut varje boll med händerna och lägg en sked fyllning i mitten.

f) Nyp ihop kanterna för att täta fyllningen inuti degen.

g) Värm en non-stick stekpanna på medelvärme och tillsätt lite vegetabilisk olja.

h) Lägg de fyllda degbollarna på stekpannan och platta till dem med en spatel till pannkakor.

i) Stek i 2-3 minuter på varje sida, eller tills de är gyllenbruna och krispiga.

j) Servera hotteok varm, eventuellt ströad med ytterligare socker eller hackade nötter.

4.Tteokbokki (kryddade wokade riskakor)

INGREDIENSER:
- 200 g tteok (koreanska riskakor)
- 2 koppar vatten
- 2 matskedar gochujang (koreansk röd chilipasta)
- 1 msk sojasås
- 1 matsked socker
- 1 vitlöksklyfta, finhackad
- 1/2 lök, tunt skivad
- 1/2 morot, tunt skivad
- 2 salladslökar, skurna i 2-tums bitar
- 1 tsk sesamolja
- Rostade sesamfrön till garnering

INSTRUKTIONER:
a) I en skål, blötlägg tteok i varmt vatten i cirka 30 minuter för att mjukna.
b) I en separat skål, blanda ihop gochujang, sojasås, socker och hackad vitlök för att göra såsen. Avsätta.
c) Värm vegetabilisk olja i en stor panna eller wok på medelhög värme. Lägg i skivad lök och morot. Fräs i 2-3 minuter tills det mjuknat något.
d) Häll av den mjukgjorda tteoken och lägg den i pannan tillsammans med såsblandningen. Rör om väl för att täcka riskakorna.
e) Tillsätt vatten i pannan och låt koka upp. Koka i 5-7 minuter, rör om då och då, tills såsen tjocknar och riskakorna är genomstekta.
f) Rör ner salladslök och sesamolja. Avlägsna från värme.
g) Garnera med rostade sesamfrön före servering.
h) Njut av den kryddiga och tröstande tteokbokki som en rejäl frukosträtt.

5.Koreanska grönsakspannkakor (Yachaejeon)

INGREDIENSER:

- 1 kopp universalmjöl
- 1 kopp vatten
- 1 ägg
- 1/2 tsk salt
- 1 kopp blandade grönsaker (som morötter, zucchini och salladslök), fint hackade
- Vegetabilisk olja för stekning
- Sojadippsås (valfritt)

INSTRUKTIONER:

a) I en bunke, vispa ihop mjöl, vatten, ägg och salt tills det är slätt.

b) Tillsätt de hackade blandade grönsakerna i smeten och rör om tills det är väl blandat.

c) Värm vegetabilisk olja i en non-stick stekpanna på medelhög värme.

d) Häll en slev av smeten i stekpannan, bred ut den till en tunn pannkaka.

e) Stek i 3-4 minuter på varje sida, eller tills de är gyllenbruna och krispiga.

f) Ta bort från stekpannan och låt rinna av på hushållspapper för att få bort överflödig olja.

g) Upprepa med resterande smet för att göra fler pannkakor.

h) Servera de koreanska grönsakspannkakorna varma, med sojadippsås om så önskas.

6.Koreansk rullad omelett (Gyeran Mari)

INGREDIENSER:

- 3 ägg
- 1 msk mjölk
- Salta och peppra efter smak
- 1/4 kopp morötter, fint tärnade
- 1/4 kopp paprika, fint tärnad
- 1/4 kopp lök, fint tärnad
- 1/4 kopp skinka eller kokt bacon, fint tärnad (valfritt)
- Vegetabilisk olja för stekning
- Rostade tångark (gim) för rullning

INSTRUKTIONER:

a) I en skål, vispa ihop ägg, mjölk, salt och peppar tills det är väl blandat.

b) Värm vegetabilisk olja i en non-stick stekpanna på medelhög värme. Tillsätt de tärnade grönsakerna (och skinka eller bacon om du använder dem) och fräs tills de är mjuka.

c) Häll den vispade äggblandningen i stekpannan, luta pannan så att den fördelas jämnt.

d) Koka i 1-2 minuter, lyft kanterna med en spatel för att låta det okokta ägget rinna under.

e) När botten stelnat, vänd försiktigt omeletten och koka i ytterligare 1-2 minuter tills den är genomstekt.

f) Ta bort omeletten från stekpannan och lägg den på en plan yta.

g) Lägg ett ark rostat tång ovanpå omeletten.

h) Rulla ihop omeletten hårt med tången, börja från ena änden.

i) Låt den svalna något och skär sedan i lagom stora bitar.

j) Servera de koreanska rullade omelettskivorna som ett läckert och näringsrikt frukostalternativ.

7.Doenjang pannkakor (Bindaetteok)

INGREDIENSER:

- 1 kopp blötlagda och malda mungbönor
- 2 matskedar doenjang
- 1/2 kopp hackad kimchi
- 1/4 kopp hackad salladslök
- 2 matskedar vegetabilisk olja

INSTRUKTIONER:

a) Blanda malda mungbönor, doenjang, kimchi och salladslök i en skål.
b) Hetta upp olja i en panna. Häll blandningen i pannan för att forma små pannkakor.
c) Koka tills de är gyllenbruna på båda sidor.
d) Servera med en dippsås gjord av sojasås, risvinäger och sesamolja.

8.Fransk rostat bröd i koreansk stil (Gireum-toast)

INGREDIENSER:

- 4 skivor bröd
- 2 ägg
- 2 msk mjölk
- 1 matsked socker
- Nypa salt
- Smör till stekning
- Ketchup och majonnäs (valfritt, för servering)

INSTRUKTIONER:

a) I en grund form, vispa ihop ägg, mjölk, socker och salt tills det är väl blandat.

b) Hetta upp en stekpanna eller stekpanna på medelvärme och smält en klick smör.

c) Doppa varje brödskiva i äggblandningen och täck båda sidorna jämnt.

d) Lägg de belagda brödskivorna på den varma stekpannan och stek tills de är gyllenbruna på båda sidor, vänd halvvägs igenom.

e) Upprepa med de återstående brödskivorna, tillsätt mer smör i stekpannan efter behov.

f) När den är tillagad, överför den franska toasten till en tallrik.

g) Bred eventuellt ketchup och majonnäs på ena sidan av varje skiva och lägg ihop dem för att göra en Gireum-toast-smörgås.

h) Skiva smörgåsen diagonalt och servera varm.

9.Zebra äggrulle

INGREDIENSER:

- ¼ tesked salt
- 3 ägg
- Olja för matlagning
- 1 msk mjölk
- 1 ark tång

INSTRUKTIONER:

a) Bryt arket med tång i bitar.

b) Bryt nu äggen i en skål och tillsätt saltet med mjölken, vispa ihop.

c) Ställ en stekpanna på spisen och värm med lite olja, det är bättre om du har en non-stick panna.

d) Häll i tillräckligt med ägg för att precis täcka botten av stekpannan och pudra sedan med tång.

e) När ägget är halvkokt, rulla ihop det och skjut det åt sidan av stekpannan.

f) Smörj sedan om det behövs och justera värmen om det är för varmt, lägg ytterligare ett tunt lager ägg i och pudra igen med fröet, rulla nu det första över den som kokar och lägg på andra sidan av pannan.

g) Upprepa detta tills ägget är färdigt.

h) Vänd upp på en bräda och skiva.

10.Koreanska pannkakor med röda bönor (Hoddeok)

INGREDIENSER:

- 1 kopp universalmjöl
- 1/2 dl ljummet vatten
- 1 matsked socker
- 1/2 tsk aktiv torrjäst
- Nypa salt
- 1/2 kopp söt röd bönpasta (köpt i butik eller hemgjord)
- Vegetabilisk olja för stekning

INSTRUKTIONER:

a) I en skål, lös upp socker och jäst i ljummet vatten. Låt det sitta i 5-10 minuter tills det skummar.

b) I en separat skål, kombinera mjöl och salt. Tillsätt gradvis jästblandningen, rör om tills en deg bildas.

c) Knåda degen i några minuter tills den är slät och elastisk. Täck bunken med en kökshandduk och låt den jäsa på en varm plats i ca 1 timme, eller tills den har dubbelt så stor.

d) När degen har jäst, dela den i lika stora bollar.

e) Platta ut varje boll med händerna och lägg en sked söt röd bönpasta i mitten.

f) Nyp ihop kanterna för att täta fyllningen inuti degen.

g) Värm vegetabilisk olja i en stekpanna på medelvärme.

h) Lägg de fyllda degbollarna på stekpannan och platta till dem med en spatel till pannkakor.

i) Stek i 3-4 minuter på varje sida, eller tills de är gyllenbruna och krispiga.

j) Ta bort från stekpannan och låt rinna av på hushållspapper för att få bort överflödig olja.

k) Servera de koreanska pannkakorna med röda bönor varma, som en härlig söt frukost.

11.Varm och kryddig riskaka

INGREDIENSER:

- 4 koppar vatten
- 6×8-tums torkad kelp
- 1 pund cylinderformad riskaka
- 7 stora ansjovisar, rensade
- ⅓kopp koreansk pepparpasta
- 3 salladslökar, skurna i 3 tums längder
- 1 matsked socker
- ½ pund fiskkakor
- 1 msk pepparflingor
- 2 hårdkokta ägg

INSTRUKTIONER:

a) Lägg kelp och ansjovis i en grund kastrull med vatten och värm, koka i 15 minuter utan lock.
b) Använd en liten skål, blanda ihop pepparflingorna och klistra med sockret.
c) Ta ut kelpen och ansjovisen från pannan och lägg i riskakan, pepparmixen, salladslöken, äggen och fiskkakan.
d) Fonden ska vara cirka 2 ½ koppar.
e) När det börjar koka, blanda ihop försiktigt och låt det tjockna i 14 minuter, nu ska det se blankt ut.
f) Tillsätt lite extra vatten om riskakan inte är mör och koka lite längre.
g) När du är klar stäng av värmen och servera.

12.Koreansk bacon och äggkaka

INGREDIENSER:
FÖR BRÖDET

- ½ kopp mjölk
- ¾ kopp självjäsande mjöl eller multimjöl med ¼ tsk bakpulver
- 4 tsk socker
- 1 ägg
- 1 tsk smör eller olivolja
- ¼ tesked salt
- ¼ tesked vanilj essens

FÖR FYLLNING

- 1 skiva bacon
- Salt att smaka
- 6 ägg

INSTRUKTIONER:

a) Värm kaminen till 375⬚F.

b) Mixa med en skål, ¼ tsk salt, mjöl och 4 tsk socker.

c) Bryt ägget i blandningen och blanda väl.

d) Häll långsamt i mjölken, en liten mängd i taget, tills den blir tjock.

e) Spraya smörj en bakform och lägg sedan mjölblandningen över formen och forma den till 6 ovaler eller så kan du använda tårtpappersmuggar.

f) Om du formar, gör små fördjupningar i varje och knäck ett ägg i varje hål eller ovanpå varje kakform.

g) Hacka baconet och strö över var och en, om du har persilja till hands, lägg till lite också.

h) Koka i 12-15 minuter.

i) Ta ut och njut.

13.Koreanska skaldjurspannkakor

INGREDIENSER:
FÖR PANNKAKKARNA

- 2 medelstora ägg
- 2 koppar pannkaksmix, koreansk
- ½ tsk salt
- 1½ dl vatten
- 2 uns musslor
- 12 medelstora salladsrötter, skurna
- 2 uns bläckfisk
- ¾ kopp vegetabilisk olja
- 2 uns räkor, rensade och deveirade
- 4 medelstora chilipeppar, skivad i vinkel

TILL SÅSEN

- 1 matsked vinäger
- 1 msk sojasås
- 4 medelstora chilipeppar, skivad i vinkel
- ¼ tesked vitlök
- 1 matsked vatten

INSTRUKTIONER:

a) Tillsätt lite salt i en skål med vatten och skölj och låt rinna av skaldjuren, lägg vid sidan om.

b) Blanda sedan ihop med en separat skål, vatten, röd och grön chili, sojasås, vitlök och vinäger, lägg åt sidan.

c) Vispa ihop äggen, pannkaksblandningen, kallt vatten och salt med en annan skål till en krämig slät.

d) Lägg på en stekpanna, smörj lite och värm upp.

e) Använd ett mått på ½ kopp och häll blandningen i den varma stekpannan.

f) Svep runt för att jämna ut blandningen, lägg nu 6 bitar salladslök ovanpå, tillsätt chili och skaldjur.

g) Tryck lätt ner maten i pannkakan och lägg sedan ytterligare ½ kopp av blandningen över toppen.

h) Koka tills basen är gyllene, cirka 5 minuter.

i) Vänd nu pannkakan försiktigt, tillsätt lite olja runt kanten och koka i ytterligare 5 minuter.

j) När det är klart, vänd tillbaka och ta ut ur stekpannan.

k) Gör likadant med resterande smet.

14.Korean Gata Toast (Gilgeori-toast)

INGREDIENSER:
- 4 skivor bröd
- 2 stora ägg
- 2 msk majonnäs
- 2 skivor skinka
- 2 skivor ost
- 1/2 lök, tunt skivad
- 1 liten morot, finhackad
- Salta och peppra efter smak
- Smör till stekning
- Ketchup och socker (valfritt, för topping)

INSTRUKTIONER:
a) Vispa äggen i en skål och smaka av med salt och peppar.
b) Värm en stekpanna på medelvärme och smält en klick smör.
c) Doppa varje brödskiva i de vispade äggen, täck båda sidorna.
d) Lägg de äggbelagda brödskivorna på stekpannan och stek tills de är gyllenbruna på båda sidor.
e) När brödskivorna är kokta, bred majonnäs på ena sidan av varje skiva.
f) Varva skinka, ost, skivad lök och skuren morot på två av skivorna.
g) Toppa med de återstående skivorna för att göra smörgåsar.
h) Bred eventuellt ketchup ovanpå mackorna och strö över lite socker för extra sötma.
i) Skär smörgåsarna diagonalt och servera varma.

MELLANMÅL OCH APTITRETARE

15.Koreanska majshundar (Hotteok-bungeo)

INGREDIENSER:

- 4 korv eller korv
- 4 st träspett
- 1 kopp universalmjöl
- 1 matsked socker
- 1 tsk bakpulver
- 1/2 tsk salt
- 1 stort ägg
- 1/2 kopp mjölk
- Panko brödsmulor
- Olja för stekning
- Ketchup och senap (valfritt, för doppning)

INSTRUKTIONER:

a) Sätt in träspett i korvarna eller korvarna.

b) I en skål, vispa ihop mjöl, socker, bakpulver och salt.

c) Vispa ägget och mjölken i en annan skål tills det är väl blandat.

d) Doppa varje varmkorv i mjölblandningen och skaka av överskottet.

e) Doppa den mjölbelagda varmkorven i äggblandningen och rulla den sedan i pankobrödsmulor tills den är helt täckt.

f) Upprepa med de återstående korvarna.

g) Värm olja i en fritös eller stor gryta till 350°F (175°C).

h) Lägg försiktigt de belagda korvarna i den heta oljan och stek tills de är gyllenbruna och krispiga, cirka 3-4 minuter.

i) Ta bort från oljan och låt rinna av på hushållspapper.

j) Servera de koreanska majshundarna varma, eventuellt med ketchup och senap för doppning.

16.Kimbap (koreanska tångrisrullar)

INGREDIENSER:

- 4 ark tång (gim)
- 2 koppar kokt kortkornigt ris
- 1 msk sesamolja
- 1 msk risvinäger
- 1 matsked socker
- Nypa salt
- Blandade fyllningar (som kokt spenat, morötter, gurka, imiterade krabbstavar och inlagd rädisa)

INSTRUKTIONER:

a) I en skål, blanda ihop kokt ris, sesamolja, risvinäger, socker och salt tills det är väl blandat.

b) Lägg ett ark tång på en sushimatta av bambu eller en ren kökshandduk.

c) Fördela ett tunt lager av kryddat ris jämnt över tången, lämna en liten kant längs ena kanten.

d) Ordna ditt val av fyllningar i en linje tvärs över mitten av riset.

e) Börja från kanten närmast fyllningen, rulla tången och riset hårt från dig, använd mattan eller handduken för att forma rullen.

f) När den väl har rullats, försegla kanten genom att fukta den med lite vatten.

g) Upprepa med de återstående tångarken och fyllningarna.

h) Använd en vass kniv för att skära varje rulle i lagom stora bitar.

i) Servera kimbap som ett härligt och portabelt mellanmål eller förrätt.

17.Twigim (koreansk tempura)

INGREDIENSER:

- Blandade grönsaker (som morötter, lök, zucchini, sötpotatis)
- Diverse skaldjur (som räkor, bläckfisk, fiskfiléer)
- Mjöl för alla ändamål
- Majsstärkelse
- Kallt vatten
- Salta och peppra efter smak
- Olja för stekning
- Dipsås (som sojasås eller sweet chilisås)

INSTRUKTIONER:

a) Skär grönsakerna och skaldjuren i lagom stora bitar.
b) Blanda lika delar universalmjöl och majsstärkelse i en skål. Tillsätt kallt vatten gradvis tills du får en tjock men hällbar smet.
c) Krydda smeten med salt och peppar efter smak.
d) Värm olja i en fritös eller stor gryta till 350°F (175°C).
e) Doppa grönsakerna och skaldjuren i smeten, täck dem jämnt.
f) Lägg försiktigt de belagda bitarna i den heta oljan och stek tills de är gyllenbruna och krispiga, ca 2-3 minuter.
g) Ta bort från oljan och låt rinna av på hushållspapper.
h) Servera twigimen varm med valfri dippsås.

18.Dakkochi (koreanska kycklingspett)

INGREDIENSER:

- 500 g kycklingbröst eller lårkött, skuret i lagom stora bitar
- Träspett, blötlagda i vatten i 30 minuter
- Till marinaden:
- 3 matskedar sojasås
- 2 matskedar honung
- 1 msk sesamolja
- 1 msk finhackad vitlök
- 1 matsked gochujang (koreansk chilipasta)
- 1 msk risvinäger
- 1 tsk riven ingefära
- Salta och peppra efter smak

INSTRUKTIONER:

a) Blanda ihop alla ingredienser till marinaden i en skål.

b) Tillsätt kycklingbitarna i marinaden och rör om. Täck över och kyl i minst 1 timme, eller över natten för bästa resultat.

c) Trä de marinerade kycklingbitarna på de blötlagda träspettena.

d) Hetta upp en grill eller grillpanna på medelhög värme.

e) Grilla kycklingspetten i 3-4 minuter på varje sida, eller tills de är genomstekta och lätt förkolnade.

f) Ta bort från grillen och servera dakkochien varm med extra marinad för doppning.

19.Kimchi och fläsk mage grillad osttoast

INGREDIENSER:

- 4 skivor bröd
- 1 dl kimchi, hackad
- 100 g fläsk, tunt skivad
- 1 dl riven mozzarellaost
- Smör att breda ut

INSTRUKTIONER:

a) Värm en non-stick panna på medelvärme. Lägg i fläskskivorna och koka tills de är knapriga och gyllenbruna på båda sidor. Ta bort från pannan och ställ åt sidan.

b) Smör ena sidan av varje brödskiva.

c) På den icke-smörade sidan av två brödskivor, skikt hackad kimchi, knapriga skivor fläsk mage och strimlad mozzarellaost.

d) Toppa med resterande brödskivor, den smörade sidan utåt.

e) Lägg smörgåsarna i pannan och grilla tills brödet är gyllenbrunt och osten smält.

f) Vänd smörgåsarna och grilla den andra sidan tills de är gyllenbruna.

g) Ta bort från pannan, skiva diagonalt och servera varm som en läcker och överseende frukost.

20.Koreanska Friterade kycklingvingar

INGREDIENSER:

- 12 kycklingvingar, spetsar borttagna och trumpeter och plattor separerade
- Salta och peppra efter smak
- Till smeten:
- 1 kopp universalmjöl
- 1 kopp majsstärkelse
- 1 tsk bakpulver
- 1 kopp kallt vatten
- Olja för stekning
- Till såsen:
- 3 matskedar gochujang (koreansk chilipasta)
- 2 msk sojasås
- 2 matskedar honung
- 1 msk risvinäger
- 1 msk sesamolja
- 2 vitlöksklyftor, hackade
- 1 tsk riven ingefära
- Rostade sesamfrön och hackad salladslök till garnering

INSTRUKTIONER:

a) Krydda kycklingvingarna med salt och peppar.
b) I en skål, vispa ihop alla ingredienserna till smeten till en slät smet.
c) Doppa kycklingvingarna i smeten, täck dem jämnt.
d) Värm olja i en fritös eller stor gryta till 350°F (175°C).
e) Lägg försiktigt ner de slagna kycklingvingarna i den heta oljan och stek i omgångar i 10-12 minuter, eller tills de är gyllenbruna och genomstekta.
f) Ta bort från oljan och låt rinna av på hushållspapper.
g) I en separat skål, blanda ihop alla ingredienserna till såsen.
h) Kasta de stekta kycklingvingarna i såsen tills de är jämnt täckta.
i) Lägg över till ett serveringsfat och garnera med rostade sesamfrön och hackad salladslök.
j) Servera de koreanska friterade kycklingvingarna varma som ett läckert och beroendeframkallande mellanmål.

21.Kimchi Mandu (Kimchi Dumplings)

INGREDIENSER:

- 1 dl kimchi, finhackad
- 200 g malet fläsk eller nötkött
- 1/2 kopp tofu, avrunnen och mosad
- 2 vitlöksklyftor, hackade
- 1 tsk sojasås
- 1 tsk sesamolja
- 1/2 tsk socker
- 1/4 tsk svartpeppar
- 1 paket knödelomslag (gyoza- eller manduskinn)
- Vatten (för att täta dumplings)
- Vegetabilisk olja (för stekning eller ångkokning)
- Sojadippsås eller vinägerdippsås (valfritt, för servering)

INSTRUKTIONER:

a) I en stor skål, blanda ihop hackad kimchi, malet fläsk eller nötkött, mosad tofu, hackad vitlök, sojasås, sesamolja, socker och svartpeppar tills det är väl kombinerat.

b) Placera en liten mängd fyllning i mitten av ett dumplingomslag.

c) Fukta kanterna på omslaget med vatten, vik och veck för att försegla dumplingen.

d) Upprepa med resterande fyllning och omslag.

e) För att steka dumplings, värm vegetabilisk olja i en panna på medelvärme. Lägg dumplings i ett enda lager och koka tills de är gyllenbruna och krispiga på botten. Vänd och stek den andra sidan tills den är gyllenbrun och krispig. Alternativt kan du ånga dumplings för ett hälsosammare alternativ.

f) Servera kimchi mandu varm med sojadippsås eller vinägerdippsås vid sidan av.

22.Koreansk majsost

INGREDIENSER:
- 2 koppar majskärnor (färska, frysta eller konserverade)
- 1 dl riven mozzarellaost
- 1/4 kopp majonnäs
- 1/4 kopp hackad salladslök
- 1 msk osaltat smör
- Salta och peppra efter smak

INSTRUKTIONER:
a) Värm ugnen till 375°F (190°C).
b) I en skål, kombinera majskärnor, strimlad mozzarellaost, majonnäs, hackad salladslök, salt och peppar. Blanda tills det är väl blandat.
c) Överför blandningen till en ugnsform.
d) Prick toppen med osaltat smör.
e) Grädda i den förvärmda ugnen i 20-25 minuter, eller tills osten är smält och bubblig och toppen är gyllenbrun.
f) Servera den koreanska majsosten varm som ett läckert och tröstande mellanmål eller aptitretare.

23.Koreanska fiskkakspett (Odeng)

INGREDIENSER:
- 10-12 fiskkakeskivor
- 2 koppar vatten
- 2 msk sojasås
- 1 msk mirin (japanskt risvin) eller risvin
- 1 matsked socker
- 1 tsk gochujang (koreansk chilipasta) eller chiliflakes (valfritt)
- Träspett, blötlagda i vatten i 30 minuter

INSTRUKTIONER:
a) Koka upp vattnet i en kastrull.
b) Tillsätt sojasås, mirin, socker och gochujang (om du använder det) i det kokande vattnet och rör om tills sockret är upplöst.
c) Sänk värmen till låg och tillsätt fiskkakeskivor i den sjudande buljongen.
d) Sjud i cirka 5 minuter, eller tills fiskkakorna är genomvärmda och har absorberat en del av smakerna från buljongen.
e) Ta bort fiskkakorna från buljongen och låt dem svalna något.
f) Trä upp fiskkakeskivorna på de blötlagda träspettena.
g) Servera odengspetten varma, eventuellt med lite av den sjudande buljongen till doppning.

24.Hotteok med grönsaker och nudlar

INGREDIENSER:
FÖR DEGEN

- 2 tsk torrjäst
- 1 kopp varmt vatten
- ½ tsk salt
- 2 koppar universalmjöl
- 2 matskedar socker
- 1 matsked vegetabilisk olja

FÖR FYLLNING

- 1 matsked socker
- 3 uns sötpotatisstärkelsenudlar
- ¼ tesked mald svartpeppar
- 2 msk sojasås
- 3 uns asiatisk gräslök, skuren liten
- 1 medelstor lök, tärnad i små
- 1 tsk sesamolja
- 3 uns morot, i små tärningar
- Olja för matlagning

INSTRUKTIONER:

a) För att göra degen, blanda ihop socker, jäst och varmt vatten i en skål, blanda tills jästen har smält, blanda nu 1 matsked vegetabilisk olja och salt, blanda väl.

b) Rör ner mjölet och blanda till en deg, en gång slät låt vila i 1 ¼ timme för att jäsa, slå ut eventuell luft under jäsningen, täck över och lägg åt sidan.

c) Koka under tiden upp en kastrull med vatten och koka nudlarna, rör om då och då, koka i 6 minuter med lock på.

d) Uppdatera under kallt vatten när de blivit mjuka och låt rinna av.

e) Skär dem i ¼ tums bitar med en sax.

f) Tillsätt 1 msk olja i en stor stekpanna eller wok och stek nudlarna i 1 minut, tillsätt nu socker, sojasås och svartpeppar under omrörning.

g) Tillsätt gräslök, morot och lök och blanda väl.

h) Ta av värmen när du är klar.

i) Lägg sedan 1 matsked olja i en annan stekpanna och värm upp, när den är varm minska värmen till medium.

j) Smörj handen med olja, ta ½ kopp av degen och tryck till en platt rund form.

k) Tillsätt nu lite fyllning och vik upp kanterna till en boll, försegla kanterna.

l) Placera i stekpannan med den förseglade änden nedåt, koka i 30 sekunder och vänd sedan på den och komprimera den så att den blir cirka 4 tum rund, gör detta med en spatel.

m) Koka i ytterligare 2-3 minuter tills den blir krispig och gyllene överallt.

n) Lägg på hushållspapper för att få bort överflödigt fett och upprepa med resten av degen.

o) Servera varm.

25.Koreansk risboll (Jumeokbap)

INGREDIENSER:

- 2 koppar kokt kortkornigt ris
- 1 msk sesamolja
- 1 msk sojasås
- 1 tsk socker
- 1/2 kopp kokt och strimlad kyckling (eller något annat valfritt protein)
- 1/4 kopp finhackade grönsaker (som morötter, gurkor och rädisor)
- Rostade tångark (glm), skurna i tunna strimlor
- Sesamfrön till garnering

INSTRUKTIONER:

a) I en skål, blanda ihop kokt ris, sesamolja, soja och socker tills det är väl blandat.

b) Ta en näve av det kryddade riset och forma det till en boll.

c) Gör en liten fördjupning i mitten av risbollen och fyll den med strimlad kyckling och hackade grönsaker.

d) Stäng fördjupningen och forma försiktigt risbollen så att allt håller ihop.

e) Varva risbollen med en remsa rostad tång och strö över sesamfrön till garnering.

f) Upprepa med resten av riset och fyllningsingredienserna för att göra fler risbollar.

g) Servera de koreanska risbollarna som ett portabelt och tillfredsställande frukostalternativ.

26.Vegansk Bulgolgi smörgås

INGREDIENSER:

- ½ medelstor lök, skivad
- 4 små hamburgerbullar
- 4 röda salladsblad
- 2 koppar soja lockar
- 4 skivor vegansk ost
- Ekologisk majonnäs

FÖR MARINADEN

- 1 msk sesamolja
- 2 msk sojasås
- 1 tsk sesamfrön
- 2 msk agave eller socker
- ½ tesked mald svartpeppar
- 2 salladslökar, hackade
- ½ asiatiskt päron, tärnat, om så önskas
- ½ msk vitt vin
- 1-2 gröna koreanska chilipeppar, tärnade
- 2 vitlöksklyftor, krossade

INSTRUKTIONER:

a) Gör sojakrusarna enligt instruktionerna på förpackningen.

b) Lägg sedan ihop alla ingredienserna till marinaden i en stor skål och blanda till såsen.

c) Ta bort vattnet från sojakrusarna genom att försiktigt klämma.

d) Tillsätt lockar med den skivade löken i marinadmixen och täck överallt.

e) Tillsätt 1 msk olja i den heta stekpannan, tillsätt sedan hela blandningen och stek i 5 minuter, tills lök och lockar är gyllene och såsen tjocknar.

f) Rosta under tiden hamburgerbullarna med osten på brödet.

g) Smörj över majonnäsen, följt av curlmixen och avsluta med salladsblad ovanpå.

27.Koreanska valnötskakor

INGREDIENSER:

- 1 burk azuki röda bönor
- 1 dl pannkaksmix eller våffelmix
- 1 tsk vaniljextrakt
- 1 matsked socker
- 1 förpackning valnötter

INSTRUKTIONER:

a) Gör pannkaksmixen enligt anvisningarna på förpackningen med det extra sockret.

b) När blandningen är klar, placera den i ett kärl med en pip.

c) Använd 2 kakformar om du inte har kan du använda muffinsformar, värm på spisen på låg värme, de kommer att brinna på högt.

d) Tillsätt blandningen i den första burken, men fyll bara halvvägs.

e) Tillsätt snabbt 1 valnöt och 1 tesked röd böna till varje ställ resten av blandningen i den andra burken.

f) Vänd sedan upp den första formen över toppen av den andra, placera formarna i ordning, koka i ytterligare 30 sekunder, när den andra formen är tillagad ta av värmen.

g) Ta nu av den översta formen och ta sedan ut kakorna på serveringsfatet.

28. Gata Toast Sandwich

INGREDIENSER:

- ⅔ kopp kål, skuren i tunna strimlor
- 4 skivor vitt bröd
- 1 msk saltat smör
- ⅛ kopp morötter, skurna i tunna strimlor
- 2 ägg
- ¼ tesked socker
- ½ dl gurka, tunt skivad
- Ketchup efter smak
- 1 msk matolja
- Majonnäs efter smak
- ⅛ tesked salt

INSTRUKTIONER:

a) Knäck äggen i en stor skål med saltet, tillsätt sedan morötter och kål, blanda ihop.

b) Häll oljan i en djupgryta och värm upp.

c) Tillsätt hälften av blandningen i stekpannan och gör till 2 brödformar, håll dem åtskilda.

d) Lägg nu till den återstående äggblandningen över toppen av de 2 i stekpannan, detta kommer att ge en bra form.

e) Koka i 2 minuter och vänd sedan och koka i ytterligare 2 minuter.

f) Lös upp hälften av smöret i en separat panna, när det är varmt lägg i två av brödskivorna och vänd så att båda sidorna absorberar smöret, fortsätt koka tills det är gyllene på båda sidor, cirka 3 minuter.

g) 7. Upprepa med de andra 2 skivorna.

h) När den är tillagad läggs den på serveringsfaten och tillsätt ½ sockret till varje.

i) Ta den stekta äggblandningen och lägg på brödet.

j) Tillsätt gurkan och lägg på ketchup och majonnäs.

k) Lägg den andra brödskivan ovanpå och dela i två.

29.Friterad grönsak

INGREDIENSER:

- 1 färsk röd chili, halverad uppifrån och ned
- 1 stor morot skalad och skuren i⅛ batonger
- 2 klasar enokisvampar, separerade
- 1 zucchini, skuren i⅛ batonger
- 4 salladslökar, skurna i 2 tums längder
- 6 vitlöksklyftor, tunna skivor
- 1 medelstor sötpotatis, skuren i batonger
- 1 medelstor potatis, skuren i batonger
- Vegetabilisk olja för stekning

FÖR SMETEN

- ¼ kopp majsstärkelse
- 1 kopp universalmjöl
- 1 ägg
- ¼ kopp rismjöl
- 1 ½ dl iskallt vatten
- ½ tsk salt

TILL SÅSEN

- 1 vitlöksklyfta
- ½ kopp sojasås
- 1 salladslök
- ½ tsk risvinäger
- ¼ tesked sesamolja
- 1 tsk farinsocker

INSTRUKTIONER:

a) Lägg en kastrull med vatten på att koka upp.

b) Lägg morötterna och båda typerna av potatis i vattnet, ta av värmen och låt stå i 4 minuter, ta sedan bort från vattnet skölj, låt rinna av och torka med hushållspapper.

c) Blanda ihop salladslöken, zucchinin, vitlöken och röd paprika i en skål och blanda väl.

d) Till smetblandningen, alla torra ingredienser .

e) Vispa nu ihop vattnet och äggen, tillsätt sedan till de torra ingredienserna och blanda väl till en smet.

f) Gör sedan såsen genom att vispa ihop socker, vinäger, soja och sesamolja.

g) Finhacka salladslöken och vitlöken och rör sedan ner i sojamixen.

h) Tillsätt tillräckligt med olja i en wok eller djup stekpanna, oljan ska vara cirka 3 tum djup.

i) När oljan är varm, för grönsakerna genom smeten, låt överskottet droppa av och stek sedan i 4 minuter.

j) Låt rinna av och torka på hushållspapper när det är klart.

k) Servera med såsen.

HUVUDRÄTT

30.Bibimbap (blandad risskål)

INGREDIENSER:

- 2 koppar kokt kortkornigt ris
- 200 g nötkött (bulgogi-stil, tunt skivad)
- 1 morot, finhackad
- 1 zucchini, finhackad
- 1 dl spenat
- 1 kopp böngroddar
- 4 shiitakesvampar, skivade
- 4 ägg
- sesamolja
- Soja sås
- Salta och peppra efter smak
- Gochujang (koreansk chilipasta), för servering
- Rostade sesamfrön, till garnering
- Skivad salladslök, till garnering

INSTRUKTIONER:

a) Marinera nötköttet i en blandning av sesamolja, sojasås, salt och peppar i cirka 30 minuter.

b) Blanchera spenat och böngroddar i kokande vatten var för sig i ca 1 minut vardera. Häll av och krama ur överflödigt vatten. Krydda lätt med salt och sesamolja.

c) Hetta upp lite olja i en kastrull på medelvärme. Stek det marinerade köttet tills det är genomstekt. Avsätta.

d) I samma panna, fräs morötter, zucchini och shiitakesvamp tills de är mjuka. Krydda med salt och peppar.

e) Stek äggen med solsidan uppåt eller för lätt.

f) För att montera, lägg en portion ris i en skål. Ordna det kokta nötköttet, grönsakerna och det stekta ägget ovanpå.

g) Servera varm, med gochujang vid sidan av. Blanda ihop allt innan du äter och garnera med sesamfrön och skivad salladslök.

31.Kimchi Jjigae (Kimchi Stew)

INGREDIENSER:

- 1 dl kimchi, hackad
- 200g fläskbuk eller fläskaxel, skivad
- 1 lök, skivad
- 2 vitlöksklyftor, hackade
- 1 matsked gochujang (koreansk chilipasta)
- 1 msk gochugaru (koreanska chiliflakes)
- 1 msk sojasås
- 1 msk sesamolja
- 1 msk matolja
- 2 dl vatten eller nötbuljong
- 1 block tofu, skuren i tärningar
- Grön lök, hackad (för garnering)
- Mjuk tofu (valfritt)

INSTRUKTIONER:

a) Hetta upp matoljan i en kastrull på medelvärme. Lägg i fläskskivorna och koka tills de fått lite färg.

b) Tillsätt hackad vitlök och skivad lök. Fräs tills den doftar och löken är genomskinlig.

c) Rör ner hackad kimchi, gochujang och gochugaru. Koka i några minuter så att smakerna smälter.

d) Häll i vattnet eller köttbuljongen och låt koka upp. Sänk värmen och låt det puttra i ca 15-20 minuter.

e) Tillsätt tofutärningarna i grytan och låt puttra i ytterligare 5 minuter.

f) Smaka av och justera kryddningen med sojasås om det behövs.

g) Ta av från värmen och ringla över sesamolja.

h) Servera varm, garnerad med hackad salladslök. Tillsätt eventuellt lite mjuk tofu till grytan innan servering för extra konsistens och smak.

32.Dakgalbi (kryddig wokad kyckling)

INGREDIENSER:

- 500 g benfria, skinnfria kycklinglår, skurna i lagom stora bitar
- 2 msk gochujang (koreansk chilipasta)
- 1 msk sojasås
- 1 msk mirin (eller risvin)
- 1 matsked honung
- 1 msk sesamolja
- 2 vitlöksklyftor, hackade
- 1 lök, skivad
- 1 sötpotatis, skalad och tunt skivad
- 1 morot, skalad och tunt skivad
- 1 dl kål, strimlad
- 2 salladslökar, hackade
- Sesamfrön till garnering
- Vegetabilisk olja för matlagning

INSTRUKTIONER:

a) I en skål, blanda ihop gochujang, sojasås, mirin, honung, sesamolja och hackad vitlök för att göra marinaden.

b) Tillsätt kycklingbitarna i marinaden och blanda tills de är väl täckta. Låt det marinera i minst 30 minuter.

c) Hetta upp lite vegetabilisk olja i en stor panna eller stekpanna på medelvärme. Tillsätt den marinerade kycklingen och koka tills den börjar få färg.

d) Tillsätt den skivade löken, sötpotatisen och moroten i pannan. Stek tills grönsakerna mjuknat något.

e) Tillsätt den strimlade kålen och fortsätt att fräsa tills alla ingredienser är genomkokta och täckta med såsen.

f) Strö hackad salladslök och sesamfrön över dakgalbi innan servering.

g) Servera varmt med ångat ris.

33.Koreanskt curryris

INGREDIENSER:

- 1 medelstor morot, skalad och tärnad
- 7 uns nötkött, tärnad
- 2 lökar, hackade
- 2 potatisar, skalade och tärnade
- ½ tsk vitlökspulver
- Krydda efter smak
- 1 medelstor zucchini, tärnad
- Vegetabilisk olja för matlagning
- 4 ounces currysåsblandning

INSTRUKTIONER:

a) Häll lite olja i en wok eller djup stekpanna och värm upp.

b) Krydda nötköttet och lägg i oljan, rör om och koka i 2 minuter.

c) Tillsätt sedan lök, potatis, vitlökspulver och morötter, stek i ytterligare 5 minuter och tillsätt sedan zucchinin.

d) Häll i 3 dl vatten och värm tills det börjar koka.

e) Sänk värmen och koka på låg i 15 minuter.

f) Tillsätt sakta currymixen tills den blir tjock.

g) Häll över riset och njut.

34.Kimchi Friterat ris(Kimchi Bokkeumbap)

INGREDIENSER:

- 2 dl kokt ris, gärna dagsgammalt
- 1 dl kimchi, hackad
- 2 msk kimchijuice
- 2 vitlöksklyftor, hackade
- 2 salladslökar, hackade
- 2 matskedar vegetabilisk olja
- 1 msk sojasås
- 1 tsk sesamolja
- 1 tsk socker
- Rostade sesamfrön till garnering
- Stekt ägg (valfritt)

INSTRUKTIONER:

a) Värm vegetabilisk olja i en stor panna eller wok på medelhög värme. Tillsätt hackad vitlök och hackad kimchi. Fräs i 2-3 minuter tills det doftar.

b) Tillsätt kokt ris i pannan. Bryt upp eventuella klumpar och fräs med kimchiblandningen.

c) Rör ner kimchijuice, sojasås, sesamolja och socker. Fortsätt att steka i ytterligare 3-4 minuter tills allt är väl blandat och genomvärmt.

d) Ta bort från värmen och garnera med hackad salladslök och rostade sesamfrön.

e) Servera varm, eventuellt toppad med ett stekt ägg för extra protein och smak.

35.Gyeranbap med rostad tång

INGREDIENSER:

- 1 dl kokt vitt ris, gärna färskt
- 2 tsk rostad sesamolja
- ¾ tesked sojasås, plus mer efter smak
- 2 stora ägg
- 1 (5 gram) paket gim, krossad med händerna
- Kapris, till servering
- Nymalen svartpeppar

INSTRUKTIONER:

a) Tillsätt riset i en medelstor skål och ställ åt sidan.

b) Värm sesamoljan och sojasåsen över hög värme i en medelstor stekpanna. Knäck i äggen. Sänk värmen om stänket är för mycket, men annars är det bara att koka tills vitorna har kuddats upp, lite knaprig runt kanterna och det vita området runt äggulan inte längre är flytande, ca 1 minut (om din panna är tillräckligt varm; längre om det inte är det). Dessutom borde sojasåsen ha färgat vitorna och bubblat upp och förvandlats till en klibbig glasyr.

c) Skjut de stekta äggen över riset, duscha med gimet och pricka med några kapris. Krydda med peppar. Blanda ihop allt med en sked innan du smakar. Det är här du kan justera för smaksättning, tillsätt mer sojasås efter behov.

36.Biff Bulgogi

INGREDIENSER:

- 2 ½ msk vitt socker
- 1 pund flankstek, tunt skivad
- ¼ kopp salladslök, hackad
- 5 matskedar sojasås
- 2 msk finhackad vitlök
- ½ tesked mald svartpeppar
- 2 msk sesamolja
- 2 msk sesamfrön

INSTRUKTIONER:

a) Lägg köttet i en låg skål.

b) Blanda samman socker, vitlök, sojasås, sesamfrö och olja med salladslöken och svartpeppar i en skål.

c) Ringla över köttet och täck skålen och vila sedan i 60 minuter, ju längre desto bättre även över natten, i kylen.

d) När du är klar, värm grillen eller grillen och olja in gallret.

e) När det är varmt grilla köttet i 2 minuter på var sida och servera.

37.Doenjang Grönsaksgryta/Doenjang-Jjigae

INGREDIENSER:

- 600 ml (2 koppar) vatten
- 12 cm (4½ tum) kvadratisk dasima tång (kombu)
- 1 morot
- 1 lök
- ½ zucchini (squash)
- ½ purjolök (vit del)
- 150 g (5½ oz) mangadaksvamp (shimeji) eller knappsvamp
- ½ grön chili
- 100 g (3½ oz) doenjang fermenterad sojabönpasta
- 250 g (9 oz) fast tofu
- 1 tsk gochugaru chilipulver (valfritt)

INSTRUKTIONER:

a) Värm vattnet i en kastrull på hög värme. Rengör biten av dasima-tång under rinnande vatten och tillsätt den i kastrullen.

b) Skär moroten i 1 cm (½ tum) tjocka kvartsrundor. Hacka löken grovt. När vattnet kokar, tillsätt moroten och löken.

c) Skär zucchinin i 1,5 cm (⅝ tum) tjocka kvartsrundor och tillsätt dem i buljongen så snart kokningen återupptas. Koka i 10 minuter. Skär under tiden purjolöken i 1 cm (½ tum) tjocka diagonala skivor och tofun i

d) 2 cm (¾ tum) tjocka kuber. Ta bort mangadaksvampens stjälkar och tvätta dem (för knappsvamp, skär i fjärdedelar). Skär chilin i 1 cm (½ tum) tjocka delar och skölj väl under rinnande vatten samtidigt som du tar bort fröna.

e) Efter 10 minuter, tillsätt doenjang, purjolök, champinjoner, tofun och chili. När kokningen återupptas, låt sjuda i 5 minuter. Avsluta kryddningen med att tillsätta mer doenjang efter din smak. För en kryddigare version, tillsätt gochugaru chilipulver.

38.Koreanska BBQ Short Ribs

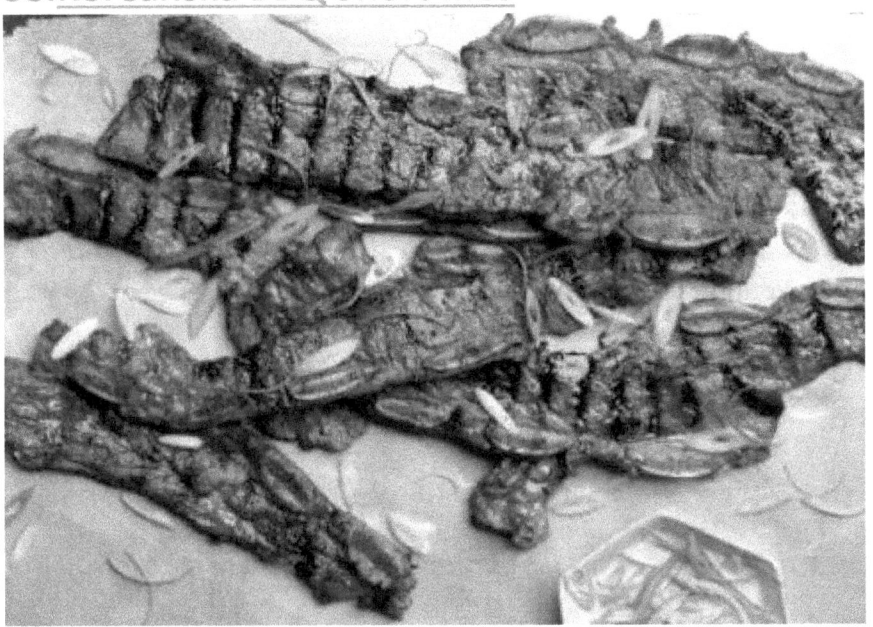

INGREDIENSER:

- 3 matskedar vit vinäger
- ¾ kopp sojasås
- ¼ kopp mörkt farinsocker
- ¾ kopp vatten
- 1 msk svartpeppar
- 2 matskedar vitt socker
- ¼ kopp finhackad vitlök
- 3 punds korta revben I koreansk stil, skurna över benen
- 2 msk sesamolja
- ½ stor lök, finhackad

INSTRUKTIONER:

a) Blanda samman vinäger, soja och vatten i en skål i glas eller rostfritt.

b) Vispa nu i de två sockerarterna, olja, lök, peppar och vitlök, vispa tills sockret har smält.

c) Lägg revbenen i såsen och täck med plastfolie, ställ in i kylen i minst 7 timmar.

d) Värm trädgårdsgrillen när du är redo att laga mat.

e) Ta ut revbenen ur marinaden och grilla i 6 minuter på vardera sida, diska upp när den är klar.

39.Doenjang Jjigae (sojabönpastagryta)

INGREDIENSER:

- 1 msk sesamolja
- 1 lök, skivad
- 2 vitlöksklyftor, hackade
- 1 zucchini, skivad
- 1 potatis, skalad och tärnad
- 1 kopp tofu, i tärningar
- 3 matskedar doenjang
- 6 dl vatten eller grönsaksbuljong
- Grön lök, hackad (för garnering)

INSTRUKTIONER:

a) Hetta upp sesamolja i en kastrull och fräs vitlök och lök tills det doftar.
b) Tillsätt zucchini, potatis och tofu. Rör om i några minuter.
c) Lös doenjang i vatten eller buljong och tillsätt i grytan.
d) Koka upp och låt sjuda tills grönsakerna är mjuka.
e) Garnera med hackad salladslök innan servering.

40.Koreansk kyckling

INGREDIENSER:

- 2 msk sesamfrön
- 1 – 3 pund hel kyckling
- ⅛ tesked salt
- ¼ kopp sojasås
- 1 salladslök, finhackad
- ⅛ tesked mald svartpeppar
- 1 vitlöksklyfta
- 1 msk vitt socker
- 1 tsk jordnötssmör
- 1 tsk mononatriumglutamat

INSTRUKTIONER:

a) Ta bort kycklingen från benen med en vass kniv.

b) Skiva köttet i 1,5 cm tjocka skivor, 2 tums kvadrat, lägg köttet i en skål med sojasåsen.

c) Stek sesamfröna i en torr stekpanna, lägg i en träskål när de börjar poppa och tillsätt salt.

d) Krossa sedan fröna med baksidan av en sked.

e) När det blir fint tillsätt vitlök, peppar, socker, lök, mononatrium och olja blanda ihop väl.

f) Blanda i kycklingen med sojasåsen och låt marinera i 30 minuter.

g) Använd samma stekpanna som tidigare och stek på låg temperatur under lock.

h) När den blivit mör är den klar, du kan behöva lite vatten för att hålla den fuktig under tillagningen.

41.Doenjang Chigae Bokkeum

INGREDIENSER:

- 2 matskedar doenjang
- 1 matsked gochujang (koreansk röd paprikapasta)
- 1 msk sojasås
- 1 matsked socker
- 1 msk sesamolja
- Blandade grönsaker (svamp, paprika, morötter, etc.)
- 2 vitlöksklyftor, hackade
- 1 matsked vegetabilisk olja

INSTRUKTIONER:

a) Blanda doenjang, gochujang, sojasås, socker och sesamolja i en skål.

b) Hetta upp vegetabilisk olja i en panna och fräs vitlöken tills den doftar.

c) Tillsätt olika grönsaker och fräs tills de är lite mjuka.

d) Häll doenjang-blandningen över grönsakerna och rör om tills den är väl täckt.

e) Koka tills grönsakerna är helt genomstekta. Servera varm.

42.Grillad fläsk Maekjeok/Maekjeok

INGREDIENSER:

- 3 gröna purjolöksblad
- 700 g (1 lb 9 oz) fläskaxel (med ben)
- 80 g (2¾ oz) doenjang fermenterad sojabönpasta
- 2 msk matganjangsås
- 3 matskedar konserverad citron
- 1 tsk mald ingefära
- 2 matskedar vit alkohol (soju eller gin)
- 1 msk sesamolja

INSTRUKTIONER:

a) Skär purjolöksbladen i 7 cm (2¾ tum) bitar. Skär fläskaxeln i 2 cm (¾ tum) tjocka skivor. Använd en kniv och skär varje skiva på båda sidor och gör ett rutmönster. Var noga med att inte skära igenom skivorna. Blanda köttskivorna och purjolöksbitarna med doenjang, mat ganjang, konserverad citron, ingefära, alkohol och sesamolja.

b) Värm ugnen till 180°C (350°F). Lägg fläskskivorna, utan att överlappa dem, på ett galler med en långpanna under. Lägg purjolöksbitarna runt köttet med några skivor konserverad citron om så önskas. Koka i 30 minuter.

c) Efter att ha tagits ut ur ugnen, släng purjolökbitarna. Skär köttet i små lagom stora bitar med en sax. Du kan äta det som ssambap om du vill.

43.Koreansk biff

INGREDIENSER:

- 5 matskedar vitt socker
- 2 pund skotsk filé, tunt skivad
- 2 ½ msk sesamfrön
- ½ kopp sojasås
- 2 vitlöksklyftor, krossade
- 2 msk sesamolja
- 5 matskedar mirin, japanskt sött vin
- 3 schalottenlök tunt skivade

INSTRUKTIONER:

a) Blanda sesamfrön och olja, vitlök, soja, schalottenlök, socker och mirin.

b) Lägg köttet i såsen och blanda ner i köttet, täck över och ställ i kylen i 12 timmar.

c) När du är klar värm en stekpanna på medelhög värme och stek köttet i 6-8 minuter, eller tills det är genomstekt.

d) Diska upp med stekt ris eller sallad.

44.Doenjang Bulgogi (marinerat nötkött med sojabönpasta)

INGREDIENSER:

- 1 pund tunt skivat nötkött
- 3 matskedar doenjang
- 2 msk sojasås
- 2 matskedar socker
- 1 msk sesamolja
- 2 vitlöksklyftor, hackade
- 1 msk riven ingefära
- Svartpeppar, efter smak
- Sesamfrön (för garnering)

INSTRUKTIONER:

a) Blanda doenjang, soja, socker, sesamolja, vitlök, ingefära och svartpeppar i en skål.

b) Marinera nötköttet i blandningen i minst 30 minuter.

c) Hetta upp en panna och fräs det marinerade köttet tills det är genomstekt.

d) Garnera med sesamfrön före servering.

45.Kimchi Makrill/Godeungeo Kimchi-Jorim

INGREDIENSER:

- 500 g (1 lb 2 oz) makrill ½ lök
- 10 cm (4 tum) purjolök (vit del)
- 30 g (1 oz) kryddig marinad
- 25 g (1 oz) doenjang fermenterad sojabönpasta
- 2 msk mat ganjangsås
- 1 msk ingefärssirap
- 50 ml (lite ¼ kopp) vit alkohol (soju eller gin)
- 400 g (14 oz) kinakål kimchi
- 300 ml (1¼ koppar) vatten

INSTRUKTIONER:

a) Gut makrillen; skär av huvudet, fenorna och svansen.

b) Skär varje makrill i tre delar. Skär löken i 1 cm (½ tum) breda skivor. Skär purjolöken i 1 cm (½ tum) tjocka sektioner diagonalt.

c) Förbered såsen genom att blanda den kryddiga marinaden, doenjang, mat ganjang, ingefärssirap och alkohol.

d) Lägg kimchi, utan att skära den, i botten av en kastrull (helst en hel ¼ kål). Lägg makrillbitarna ovanpå kimchi. Häll i vattnet, sedan såsen, se till att fisken är väl täckt. Tillsätt löken. Koka upp på hög värme, delvis täckt, och låt sjuda i 30 minuter på medelhög värme. Tillsätt purjolöken och blanda försiktigt ingredienserna endast en gång. Sjud i ytterligare 10 minuter.

46.Koreanskt kryddigt marinerat fläsk

INGREDIENSER:

- ½ kopp koreansk pepparpasta
- ¼ kopp risvinsvinäger
- 3 msk finhackad vitlök
- 2 msk sojasås
- 2 msk röd paprikaflingor
- 3 matskedar vitt socker
- ½ tsk svartpeppar
- 3 msk finhackad färsk ingefära
- 3 salladslökar, skär i 2 tums längder
- 1 – 2 pund bit fläskkarré, skivad i ¼ tum tjocka skivor
- ½ gul lök, skuren i ¼ tum tjocka ringar
- ¼ kopp rapsolja

INSTRUKTIONER:

a) Blanda samman soja, vitlök, rödpepparflingor, socker, salladslök, vinäger, pepparpasta, ingefära, gul lök och svartpeppar.

b) När väl blandat tillsätt det skivade fläsket och smeta såsen över fläsket, täck väl.

c) Lägg i en Ziploc-påse och vila i kylen i 3 timmar.

d) När du är redo att laga mat, tillsätt oljan i en stekpanna och stek i omgångar på medelvärme.

e) När den blivit gyllene och inte längre är rosa i mitten, lägg på faten.

f) Servera med ris och sallad.

INGREDIENSER:

POCHERAT FLÄSK

- 600 g (1 lb 5 oz) orättad fläskmage
- 70 g (2½ oz) doenjang fermenterad sojabönpasta
- 4 vitlöksklyftor
- 20 stora svartpepparkorn
- ½ lök
- 4 gröna blad från ½ purjolök
- 250 ml (1 kopp) vit alkohol (soju eller gin)

BOSSAM KIMCHI

- 400 g (14 oz) vit rädisa (daikon)
- 6 matskedar socker
- 1 msk havssalt
- ½ päron
- 3 stjälkar av vitlökslök (eller 2 stjälkar av vårlök/salladslök, utan glödlampa)
- 3 vitlöksklyftor
- 20 g (¾ oz) gochujang chilipasta
- 3 matskedar gochugaru chilipulver
- 3 msk jäst ansjovissås
- 2 msk ingefärssirap
- Kinesisk kål sida
- ¼Kinakål i saltlake, avrunnen

INSTRUKTIONER:

a) Koka upp 1,5 liter (6 dl) vatten i en kastrull. Skär fläsket i två bitar på längden och sänk ned i det kokande vattnet. Tillsätt doenjang, vitlök, pepparkorn, lök, purjolöksblad och alkohol. Sjud i 10 minuter på hög värme, täckt, sedan 30 minuter på medelhög värme, delvis täckt, sedan 10 minuter på låg värme.

b) Medan fläsket tillagas skär du den vita rädisan i 5 mm (¼ tum) tändstickor. Marinera med 5 matskedar socker och havssalt i 30 minuter, blanda varje

c) 10 minuter. Skölj lätt under kallt vatten, låt rinna av och krama med händerna tills det inte kommer ut mer vätska.

d) Skär päronet i 5 mm (¼ tum) tändstickor och skär gräslöken i 3 cm (1¼ tum) bitar. Krossa vitlöken. Blanda rädisa, päron, gräslök, vitlök, gochujang, gochugaru, fermenterad ansjovissås, 1 msk socker och ingefärssirap i en skål.

e) Låt fläsket rinna av och skiva tunt. Servera med bossam kimchi. Lägg kålen i saltlake vid sidan om efter att du tagit bort de tre första yttre bladen.

f) För att äta, linda in köttet och bossam kimchi ordentligt i ett kålblad.

48.Koreansk marinerad flankstek

INGREDIENSER:

- 1 lök, grovhackad
- 4 vitlöksklyftor
- 2 ½ koppar sojasås med låg natriumhalt
- 1 tsk finhackad färsk ingefära
- ¼ kopp rostad sesamolja
- 2 msk orättad köttmörning
- 2 punds nötköttsflankstek, putsad
- 3 msk Worcestershiresås
- 1 kopp vitt socker

INSTRUKTIONER:

a) Lägg ingefära, vitlök och lök i en mixer, tillsätt nu sesamolja, socker, sojasås, mörmedel och Worcestershire, mixa tills det är slätt.

b) När du är klar tillsätt såsen i Ziploc-påsen eller skålen om du inte har en.

c) Spåra köttet med en kniv och lägg i marinaden, låt stå i kylen över natten.

d) Värm ut grillen och stek steken i 5-6 minuter på var sida, eller längre om du vill.

e) Tjäna.

49.Koreanska stekt kycklinglår

INGREDIENSER:

- ½ dl finhackad salladslök
- 8 kycklinglår, skinn på
- 3 matskedar sesamolja
- ½ kopp sojasås
- 2 tsk finhackad vitlök
- ¼ tesked svartpeppar
- 3 matskedar honung
- ¼ tesked mald ingefära

INSTRUKTIONER:

a) Värm kaminen till 375⬚F.
b) Lägg i kycklingen med skinnet ner i en ugnsform.
c) Blanda ihop resten av ingredienserna i en skål.
d) Häll såsen över kycklingen och sätt in i ugnen.
e) Tillaga i ugnen utan lock i 45 minuter.
f) Vänd nu på kycklingen och koka i ytterligare 15 minuter.
g) Servera när den är genomstekt.

50.Vegansk Doenjang Jjigae (koreansk bönpastagryta)

INGREDIENSER:

- 15 g (½ oz) torkade shiitakesvampar (2-4, beroende på storlek)
- 1 vegansk yuksu eller dashipåse
- 15 ml (1 msk) sesamolja
- 50 g (1¾oz) lök
- 1 stor vitlöksklyfta, skalad
- 125 g (4½ oz) medelfast ostmassa
- ½ koreansk zucchini, cirka 150 g (5 ⅓oz)
- 50 g (1¾oz) shimeji-svamp
- 50 g (1¾oz) enokisvamp
- 1 röd eller grön banan chili
- ½ tsk, eller efter smak gochugaru (koreanska chiliflakes)
- 50 g (1¾oz) doenjang (fermenterad sojabönpasta)
- 1 ägg (valfritt, för vegetarianer)
- 1 vårlök

ATT TJÄNA

- ångat koreanskt eller japanskt ris
- banchan (koreanska sidorätter) efter eget val

INSTRUKTIONER:

a) Skölj de torkade shiitakesvamparna i kallt vatten, lägg dem sedan i en skål och tillsätt 300 ml (1¼ kopp) varmt vatten. Låt dra i rumstemperatur i cirka två timmar tills den är mjuk. Krama ur vattnet ur svampen, spara blötläggningsvätskan. Ta bort och lägg undan svampstjälkarna, skär sedan kapsylerna tunt.

b) Häll blötläggningsvätskan i en liten kastrull, tillsätt de reserverade svampstjälkarna och låt sedan koka upp över medelhög låga. Stäng av värmen, tillsätt yuksu- eller dashipåsen och låt dra medan du förbereder övriga ingredienser.

c) Finhacka löken och skiva vitlöken. Skär bönmassan i lagom stora tärningar. Dela den koreanska zucchinin i fjärdedelar på längden och skiva den sedan tunt. Klipp av och kassera den vedartade nedre delen av enokisvampens stjälkar. Bryt enoki- och shimeji-svamparna i små klumpar. Skiva bananchili på diagonalen i bitar ca 3 mm (⅛in) tjocka.

d) Värm en gryta (helst en koreansk stengryta) över en medel-låg låga som rymmer cirka 750 ml (3 koppar) och tillsätt sesamoljan. Tillsätt löken och vitlöken och koka tills löken börjar mjukna, rör om ofta. Strö över chiliflingorna i grytan och rör hela tiden i ca 30 sekunder.

e) Ta bort svampstjälkarna och yuksu/dashi-påsen från blötläggningsvätskan och häll 250 ml (1 kopp) av det i grytan, tillsätt sedan doenjang. Koka upp, rör om ofta, se till att doenjang är upplöst. Tillsätt de skivade shiitakesvampkapslarna, bönmassan och zucchinin och låt puttra tills squashen börjar mjukna. Rör ner shimeji-svampen och bananchili och låt sjuda i cirka två minuter. Tillsätt enokisvamparna och låt sjuda tills de börjar mjukna.

f) Om du använder, knäck ägget i en liten form. Flytta ingredienserna i grytan åt sidorna för att skapa en djup krater och skjut in ägget, se till att inte bryta äggulan. Sjud i några minuter tills ägget stelnat mjukt.

g) Finhacka vårlöken och strö den över grytan. Servera genast med ångat ris och banchan.

51.Doenjang Bibimbap (blandat ris med grönsaker)

INGREDIENSER:

- Kokt ris
- 2 matskedar doenjang
- 1 msk sesamolja
- 1 morot, finhackad
- 1 zucchini, finhackad
- 1 kopp böngroddar, blancherade
- 1 dl spenat, blancherad
- Stekt ägg (ett per portion)
- Sesamfrön (för garnering)

INSTRUKTIONER:

a) Blanda doenjang med sesamolja och rör ner i det kokta riset.
b) Ordna julienade grönsaker och böngroddar över riset.
c) Toppa med ett stekt ägg och strö över sesamfrön före servering.
d) Blanda ihop allt innan du äter.

52.Doenjang Gui (Grillad Soybean Paste Skaldjur)

INGREDIENSER:

- Diverse skaldjur (räkor, bläckfisk, musslor)
- 3 matskedar doenjang
- 2 msk mirin
- 1 matsked honung
- 1 msk sesamolja
- 2 vitlöksklyftor, hackade
- Grön lök, hackad (för garnering)

INSTRUKTIONER:

a) Blanda doenjang, mirin, honung, sesamolja och hackad vitlök i en skål.
b) Marinera skaldjuren i blandningen i 15-20 minuter.
c) Grilla de marinerade skaldjuren tills de är kokta.
d) Garnera med hackad salladslök innan servering.

SPAGHETTI

53.G ochujang Kalla nudlar

INGREDIENSER:

- 2 vitlöksklyftor, krossade
- 3 matskedar gochujang, en het kryddig pasta
- 1 bit färsk ingefära i storlek tum, skalad och riven
- ¼ kopp risvinsvinäger
- 1 tsk sesamolja
- 4 rädisor, tunna skivor
- 2 msk sojasås
- 4 ägg, mjukpocherade
- 1 ½ koppar bovetenudlar, kokta, avrunna och fräscha
- 1 telegrafgurka, skuren i stora bitar
- 2 teskedar, 1 av varje svarta och vita sesamfrön
- 1 kopp kimchi

INSTRUKTIONER:

a) Tillsätt den heta såsen, vitlöken, sojasåsen, ingefäran, vinägern och sesamoljan i en skål och blanda ihop.

b) Lägg i nudlarna och blanda väl, se till att de är täckta med såsen.

c) Lägg i serveringsskålarna, tillsätt nu rädisa, kimchi, ägg och gurka.

d) Avsluta med att pudra av fröna.

54.Japchae (wokade glasnudlar)

INGREDIENSER:

- 150 g sötpotatisstärkelsenudlar (dangmyeon)
- 2 msk sojasås
- 1 msk sesamolja
- 1 matsked socker
- 2 vitlöksklyftor, hackade
- 1 liten morot, finhackad
- 1 liten lök, tunt skivad
- 1/2 röd paprika, tunt skivad
- 1/2 gul paprika, tunt skivad
- 2 salladslökar, skurna i 2-tums bitar
- 2 matskedar vegetabilisk olja
- Rostade sesamfrön till garnering

INSTRUKTIONER:

a) Koka sötpotatisstärkelsenudlarna enligt anvisningarna på förpackningen. Häll av och skölj under kallt vatten. Avsätta.

b) I en liten skål, blanda ihop sojasås, sesamolja, socker och hackad vitlök för att göra såsen. Avsätta.

c) Värm vegetabilisk olja i en stor panna eller wok på medelhög värme. Tillsätt morot, lök och paprika. Fräs i 2-3 minuter tills det mjuknat något.

d) Tillsätt de kokta nudlarna och såsen i pannan. Stek i ytterligare 3-4 minuter tills allt är väl blandat och genomvärmt.

e) Ta av från värmen och garnera med salladslök och rostade sesamfrön.

f) Servera varm som ett läckert och mättande frukostalternativ.

INGREDIENSER:

- 2 msk sesamolja
- ½ pund oxögonfilé, tunt skivad
- 2 vitlöksklyftor, tunna skivor
- ⅓kopp sojasås
- 1 msk strösocker
- 1 ½ dl blandade asiatiska svampar
- 5 torkade shiitakesvampar
- 2 matskedar vegetabilisk olja
- 1 morot, riven
- 2 lökar, skivade i tunna klyftor
- 1 msk rostade sesamfrön
- ¼ pund sötpotatisvermicelli, eller mungbönavermicelli, kokt och avrunnen
- 3 dl babyspenat, endast blad

INSTRUKTIONER:

a) Lägg nötköttet i en skål med sojasås, socker, 2 tsk sesamolja och vitlök, lägg plastfolie över toppen och ställ in i kylen i 30 minuter.

b) Medan du väntar blötlägg den torkade svampen i 30 minuter i kokande vatten, låt den rinna av och skiva.

c) Lägg sedan 1 matsked vegetabilisk olja i en stekpanna eller wok med höga sidor.

d) När de är varma, lägg i den blandade svampen, 1 tsk sesamolja och shiitakesvamparna, stek i 3 minuter under omrörning och krydda sedan.

e) Låt nu nötköttet rinna av och håll marinaden vid sidan av.

f) Värm upp stekpannan eller woken igen med 1 tsk sesamolja och resten av den vegetabiliska oljan.

g) Fräs löken i 3-5 minuter tills den är gyllene och lägg sedan i morötterna tills de är mjuka.

h) Lägg i nötköttet och koka i ytterligare 2-3 minuter.

i) Tillsätt nu nudlarna, all svamp, spenat och resten av sesamoljan.

j) Häll i marinaden och koka i ytterligare 2 minuter.

k) När allt är varmt diska upp och avsluta med fröna ovanpå.

56.Kryddig kalla nudlar

INGREDIENSER:
- 2 vitlöksklyftor, krossade
- 3 matskedar koreansk gochujang, en het kryddig pasta
- 1 bit färsk ingefära i storlek tum, skalad och riven
- ¼ kopp risvinsvinäger
- 1 tsk sesamolja
- 4 rädisor, tunna skivor
- 2 msk sojasås
- 4 ägg, mjukpocherade
- 1 ½ koppar bovetenudlar, kokta, avrunna och fräscha
- 1 telegrafgurka, skuren i stora bitar
- 2 teskedar, 1 av varje svarta och vita sesamfrön
- 1 kopp kimchi

INSTRUKTIONER:
1. Tillsätt den heta såsen, vitlöken, sojasåsen, ingefäran, vinägern och sesamoljan i en skål och blanda ihop.
2. Lägg i nudlarna och blanda väl, se till att de är täckta med såsen.
3. Häll i serveringsskålarna, tillsätt nu rädisa, kimchi, ägg och gurka i varje.
4. Avsluta med att pudra av fröna.

57.Nudlar med svartbönsås

INGREDIENSER:

- 1 kopp zucchini, tärnad i ½ tums bitar
- ½ pund fläskmage, skuren i ½ tums tärningar
- 1 kopp potatis, skalad och skuren i ½ tums tärningar
- 1 kopp koreansk rädisa eller daikon, skuren i ½ tums tärningar
- 1 ½ dl lök, grovt hackad
- 2 msk potatisstärkelsepulver blandat med ½ kopp vatten
- 3 matskedar vegetabilisk olja
- 1 tsk sesamolja
- 1 plus ¼ kopp svart bönpasta
- ½ kopp gurka, tunt skivad, som tändstickor
- Vatten
- Nudlar eller ris till servering

INSTRUKTIONER:

a) Tillsätt 1 matsked vegetabilisk olja i en djup stekpanna eller wok och värm upp.

b) När det är varmt stek fläsket tills det är gyllene och knaprigt, cirka 5 minuter, rör om under stekning.

c) När det är klart ta överflödigt fläskfett, lägg nu i rädisan och koka i 1 minut till.

d) Häll sedan ner lök, potatis och zucchini och fräs i ytterligare 3 minuter.

e) Tryck nu alla ingredienser till kanten av woken och lägg i mitten, 2 matskedar vegetabilisk olja, tillsätt ¼ kopp svarta bönpasta, blanda ihop och rör sedan i allt från kanterna.

f) Häll i 2 dl vatten, täck woken och koka i 10 minuter.

g) Testa att grönsakerna är kokta, tillsätt i så fall stärkelsevattnet och rör om tills det blir tjockt.

h) Häll sist i sesamfröna och ta av värmen.

i) Servera med riset eller nudlarna.

58.Chap Chee Nudlar

INGREDIENSER:

- 2 salladslökar, fint hackade
- 1 msk sojasås
- 1 tsk sesamfrön
- 1 msk sesamolja
- 1 vitlöksklyfta, finhackad
- ¼ tesked svartpeppar
- 2 matskedar vegetabilisk olja
- 1 tsk socker
- ½ kopp tunt skivade morötter
- ⅓pund topp ryggbiff, tunt skivad
- ¼ pund Napa-kål, skivad
- 3 ounces cellofannudlar, blötlagda i varmt vatten
- ½ kopp skivade bambuskott
- 2 dl färsk spenat, hackad
- 1 matsked socker
- ¼ tesked svartpeppar
- 2 msk sojasås
- ½ tsk salt

INSTRUKTIONER:

a) Använd en stor skål och blanda ihop sesamolja och frön, salladslök 1 msk sojasås, tsk socker, vitlök och ¼ tsk peppar.

b) Blanda i nötköttet och låt stå i rummet i 15 minuter.

c) Lägg på en stor stekpanna eller wok om du har en att värma med lite olja.

d) Stek nötköttet tills det blir brunt och tillsätt sedan kål, morötter, bambu och spenat, rör om väl.

e) Rör sedan ner nudlarna, 1 msk socker, peppar, salt och 2 msk soja.

f) Blanda väl och sänk värmen, koka tills det är varmt.

59.Koreansk kyckling nudelskål

INGREDIENSER:

- 1-1 tums bit färsk ingefära, riven
- ¼ kopp tamari, mörk sojasås
- 1 pund fullkornsspaghetti
- Krydda efter smak
- 2 stora vitlöksklyftor, rivna
- 2 msk tomatpuré
- 1 msk sesamolja
- 3 msk honung eller agavesirap
- 2 msk risvinsvinäger
- 2 msk tomatpuré
- 2 matskedar vegetabilisk olja
- ¼ liten kål, finstrimlad
- 1 knippe salladslök, skivad i vinkel
- 1 tsk varm sås
- Rostade sesamfrön till avslutning
- 1 pund kycklinglår eller bröst, utan ben och skinn, skuren i strimlor
- ½ röd paprika, tärnad eller skivad

INSTRUKTIONER:

a) Hetta upp en kastrull med kokande saltat vatten och koka pastan, håll den lite knaprig, inte blöt.

b) Tillsätt under tiden ingefära, vitlök, lite kokande vatten, salt, vinäger, honung, sesamolja, tamari, varm sås och tomatpuré i en mixer, mixa tills det är slätt.

c) Tillsätt vegetabilisk olja i wok eller stekpanna och värm upp.

d) När de är varma, stek kycklingstrimlorna tills de blir gyllene i cirka 3 minuter, tillsätt nu paprikan och kålen i ytterligare 2 minuter.

e) Häll sedan i såsen och salladslöken koka i ytterligare 1 minut.

f) Lägg kycklingen över nudlarna och avsluta med fröna ovanpå.

g) Servera med extra varm sås om så önskas.

h) Detta recept kan användas med fläsk om det behövs.

60.Jjajangmyeon (koreanska svarta bönornudlar)

INGREDIENSER:

- 200g fläskbuk eller fläskaxel, tärnad
- 1 lök, tärnad
- 1 liten zucchini, tärnad
- 1 liten potatis, tärnad
- 1/2 kopp svart bönpasta (chunjang)
- 1 matsked vegetabilisk olja
- 2 dl vatten eller kycklingbuljong
- 2 msk potatisstärkelse eller majsstärkelse
- 2 matskedar vatten
- 2 portioner färska eller torkade nudlar (som udon eller jjajangmyeon nudlar)
- Gurkremsor och inlagd rädisa (till garnering, valfritt)

INSTRUKTIONER:

a) Värm vegetabilisk olja i en stor panna eller wok på medelvärme. Tillsätt tärnat fläsk och koka tills det får färg.

b) Tillsätt tärnad lök, zucchini och potatis i pannan. Stek tills grönsakerna mjuknat något.

c) Tillsätt svarta bönpasta (chunjang) i pannan och fräs med fläsket och grönsakerna tills det doftar.

d) Häll vatten eller kycklingbuljong i pannan och låt koka upp. Sänk värmen och låt det puttra i cirka 10 minuter.

e) I en liten skål, blanda potatisstärkelse eller majsstärkelse med vatten för att göra en uppslamning. Häll långsamt uppslamningen i pannan under ständig omrörning tills såsen tjocknar.

f) Koka under tiden nudlarna enligt anvisningarna på förpackningen. Häll av och skölj under kallt vatten.

g) Servera de kokta nudlarna med den svarta bönsåsen ovanpå.

h) Garnera med gurkremsor och inlagd rädisa om så önskas.

i) Servera varm som en läcker och rejäl koreansk huvudrätt.

61.Kryddig nudlar med ägg och gurka

INGREDIENSER:
- 1 msk koreanskt chilipulver
- 1 ½ dl kimchi, hackad
- 1 ½ dl brunt risvinäger
- 2 msk chilipasta
- 2 msk strösocker
- 1 msk sesamolja
- ¼ pund myeonnudlar
- 1 msk sojasås
- ½ kopp tunt skivad kål eller sallad
- 1 gurka, skiva tunt, skalet av
- 2 hårdkokta ägg, halverade

INSTRUKTIONER:
a) Använd en skål, blanda ihop chilipasta, sojasås, kimchi, risvinäger, sesamolja chilipulver och socker och lägg på sidan.
b) Lägg nudlarna i kokande vatten och koka i 3-4 minuter, när de är mjuka, fräscha upp under rinnande kallt vatten och låt rinna av.
c) Lägg de kalla eller svala nudlarna i skålen med såsen och blanda ihop.
d) Lägg nudlarna i serveringsskålarna och toppa med skivad gurka, 1 sesamblad, kål eller sallad och avsluta med hälften av ett ägg.

62.Koreanska kalla nudlar

INGREDIENSER:

- 2 dl nötbuljong
- ¼ pund bovete nudlar, naengyun inte soba eller memil gooksu
- 1 msk farinsocker
- 2 dl kycklingbuljong, osaltad
- 1 msk brunt risvinäger
- 1 litet asiatiskt päron, skiva i mycket tunna skivor
- 2 matskedar vitt socker
- ½ koreansk gurka, urkärnad och skuren i tunna strimlor
- 1 hårdkokt ägg
- Isbitar att servera
- ¼ kopp inlagd rädisa
- Tunt skivad kokt bringa eller oxlägg

INSTRUKTIONER:

a) Blanda ihop nöt- och kycklingbuljongen, rör sedan ner vinägern och korrigera kryddningen.

b) Ställ blandningen i kylen för att vila i 30 minuter.

c) Koka under tiden nudlarna enligt anvisningarna på förpackningen, i kokande vatten.

d) När det är klart, fräscha upp under rinnande kallt vatten och låt rinna av.

e) Lägg nudlarna i serveringsskålarna.

f) Häll nu över buljongen fritt och lägg isbitar för att täcka nudlarna.

63.Kryddig soba nudlar

INGREDIENSER:

- ½ koreansk rädisa eller daikon, skuren i 2 tums remsor, ½ tum breda
- 1 paket koreanska sobanudlar
- 1 matsked salt
- 1 asiatisk gurka, halverad, urkärnad och skiva i vinkel
- 2 matskedar vinäger
- 4 kokta ägg, halverade
- 2 matskedar socker

TILL SÅSEN

- ¼ kopp sojasås
- ½ medelstor lök, skalad och tärnad
- ½ kopp vatten
- 1 vitlöksklyfta
- ½ äpple, skalat och tärnat
- 3 msk vatten eller ananasjuice
- 3 skivor ananas lika med äpplet
- ⅓ kopp farinsocker
- 1 kopp koreanska chiliflakes
- 3 matskedar honung
- ¼ kopp vitt socker
- ½ tesked pulveriserad ingefära
- 1 msk rostade sesamfrön
- 1 tsk salt
- 2 msk sesamolja
- 1 tsk koreansk senap eller dijon

INSTRUKTIONER:

a) Gör såsen blanda ihop i en kastrull sojasåsen med ½ kopp vatten och koka upp.

b) När det kokar ta av värmen och låt stå på ena sidan.

c) Tillsätt lök, vitlök, äpple, ananas och 3 matskedar vatten eller juice i mixern, mixa tills en puré uppnås.

d) Rör ner purémixen i sojasåsen och tillsätt resten av såsingredienserna.

e) Häll blandningen i en behållare som är lufttät och ställ i kylen i 24 timmar.

f) Lägg sockret, rädisan, saltet och vinägern tillsammans i en skål och låt vila i 15-20 minuter, efter att du har pressat ut överflödig vätska från blandningen.

g) Lägg nudeln i kokande vatten och koka enligt instruktionerna, när den är klar, fräsch upp under kallt vatten.

h) Vid servering lägg till nudeln på tallrikarna, häll över 3 matskedar sås och avsluta med rädisa och gurka ovanpå.

i) Om nudlarna är långa kan de skäras med sax.

64.Koreanska nudlar med grönsaker

INGREDIENSER:

- 3 matskedar asiatisk sesamolja
- 6 uns tunna böntrådsnudlar
- 3 matskedar socker
- ½ kopp tamari
- 1 msk safflorolja
- 1 msk hackad vitlök
- 3 medelstora morötter, skurna i tändstickor⅛ tjocka
- 3 dl babyspenat
- 1 medelstor lök, skär i ⅛ skivor
- ¼ pund svamp, skivad i ⅛ skivor

INSTRUKTIONER:

a) Lägg nudlarna i vatten och blötlägg dem i 10 minuter för att mjukna och låt dem rinna av.

b) Tillsätt nudlarna i kokande vatten i 2 minuter, när de blivit mjuka, låt rinna av och fräscha upp under kallt vatten.

c) Lägg socker, sesamolja och vitlök i en mixer och mixa tills det är slätt.

d) Tillsätt sedan oljan i 12-tums stekpanna, när det börjar ryka, tillsätt morötterna med löken och stek i 3 minuter.

e) Tillsätt nu svampen i ytterligare 3 minuter, rör ner spenaten i 30 sekunder, följt av nudlarna.

f) Ringla i tamarimixen och blanda ihop.

g) Sänk värmen och koka på låg i 4 minuter.

h) Servera varm eller kall.

SALADER

65.Kryddig koreansk snigelsallad

INGREDIENSER:

- ½ lök, tunt skivad
- 1 stor eller 2 små burkar golbanygi, havssniglar
- ½ morot skuren i tändstickor
- ¼ kål, tunt skivad
- 1 liten gurka, skivad tunt på sned
- 2 msk koreanska chiliflakes
- 1 vitlöksklyfta, finhackad
- 2 msk risvinsvinäger
- 2 msk koreansk chilipasta
- 1 msk koreanskt plommonextrakt
- 1 salladslök, hackad
- 1 matsked socker
- 1 msk rostade sesamfrön
- Koreanska tunna vetenudlar eller vermicelli

INSTRUKTIONER:

a) Låt havssnäckorna rinna av, men behåll 1 matsked av saften om bitarna är stora halverade.

b) Använd en stor skål och lägg till morötter, kål, gurka, sniglar och lök, lägg åt sidan.

c) Ta sedan en mindre skål och blanda ihop chilipasta, socker, vitlök, chiliflakes, plommonextrakt, vinäger, snigeljuice och sesamfrön till såsen.

d) Skeda över grönsakerna och blanda väl, ställ i kylen medan du kokar nudlarna.

e) Tillsätt nudlarna i kokande vatten och koka enligt anvisningarna på förpackningen.

f) När du är klar, fräsch upp under rinnande vatten och låt rinna av.

g) När du är redo att servera blanda de två och njut.

66.Koreansk gurksallad (Oi Muchim)

INGREDIENSER:

- 2 medelstora gurkor, tunt skivade
- 1/4 kopp rödlök, tunt skivad
- 2 vitlöksklyftor, hackade
- 2 msk sojasås
- 1 msk risvinäger
- 1 msk sesamolja
- 1 tsk sesamfrön
- 1 tsk socker (valfritt)
- Nypa röda paprikaflingor (valfritt)
- Hackad salladslök till garnering

INSTRUKTIONER:

a) I en stor skål, kombinera tunt skivade gurkor och rödlök.

b) I en separat liten skål, blanda ihop hackad vitlök, sojasås, risvinäger, sesamolja, sesamfrön, socker (om du använder) och rödpepparflingor (om du använder).

c) Häll dressingen över gurkorna och rör tills den är väl täckt.

d) Låt salladen marinera i kylen i minst 30 minuter så att smakerna smälter samman.

e) Garnera med hackad salladslök innan servering.

f) Servera kyld som en uppfriskande tillbehör eller aptitretare.

67.Koreansk spenatsallad (Sigeumchi Namul)

INGREDIENSER:

- 1 knippe spenat, tvättad och putsad
- 2 vitlöksklyftor, hackade
- 1 msk sojasås
- 1 msk sesamolja
- 1 tsk sesamfrön
- Salt att smaka

INSTRUKTIONER:

a) Koka upp en kastrull med vatten. Blanchera spenaten i ca 30 sekunder.

b) Häll av spenaten och skölj under kallt vatten för att stoppa tillagningsprocessen. Krama ur överflödigt vatten och hacka spenaten grovt.

c) Kombinera hackad vitlök, sojasås, sesamolja, sesamfrön och en nypa salt i en mixerskål.

d) Tillsätt den hackade spenaten i skålen och rör tills den är väl täckt med dressingen.

e) Låt salladen marinera i kylen i minst 30 minuter.

f) Servera kyld som en näringsrik och smakrik tillbehör.

68.Koreansk rädisasallad (Musaengchae)

INGREDIENSER:

- 1 liten koreansk rädisa (mu), finhackad
- 1 msk risvinäger
- 1 matsked socker
- 1 tsk salt
- 1 msk sesamfrön
- 1 msk sesamolja
- Nypa röda paprikaflingor (valfritt)
- Hackad salladslök till garnering

INSTRUKTIONER:

a) I en stor skål, kombinera julienned koreansk rädisa, risvinäger, socker och salt.

b) Rör om tills rädisan är väl belagd med kryddan.

c) Låt rädisan sitta i cirka 10 minuter så att smakerna utvecklas.

d) Häll av all överflödig vätska från rädisan.

e) Tillsätt sesamfrön, sesamolja och röda paprikaflingor (om du använder) i skålen och blanda ihop.

f) Garnera med hackad salladslök innan servering.

g) Servera kyld som en knaprig och uppfriskande tillbehör.

69.Koreansk böngroddarsallad (Kongnamul Muchim)

INGREDIENSER:

- 2 dl böngroddar
- 2 vitlöksklyftor, hackade
- 1 msk sojasås
- 1 msk sesamolja
- 1 tsk sesamfrön
- 1 salladslök, finhackad
- 1 tsk socker (valfritt)
- 1 tsk gochugaru (koreanska rödpepparflingor) (valfritt)
- Salt att smaka

INSTRUKTIONER:

a) Koka upp en kastrull med vatten. Blanchera böngroddarna i ca 1 minut.

b) Häll av böngroddarna och skölj under kallt vatten för att stoppa tillagningsprocessen. Häll av väl och överför till en blandningsskål.

c) I en separat liten skål, kombinera hackad vitlök, sojasås, sesamolja, sesamfrön, hackad salladslök, socker (om du använder) och gochugaru (om du använder).

d) Häll dressingen över böngroddarna och rör tills den är väl täckt.

e) Smaka av med salt efter smak.

f) Låt salladen marinera i kylen i minst 30 minuter innan servering.

g) Servera kyld som en knaprig och smakrik tillbehör.

70.Doenjang Tofu sallad

INGREDIENSER:

- 1 block fast tofu, i tärningar
- 3 matskedar doenjang
- 2 msk risvinäger
- 1 msk sojasås
- 1 msk sesamolja
- Blandad grönsallad
- Körsbärstomater, halverade
- Gurka, skivad

INSTRUKTIONER:

a) Vispa ihop doenjang, risvinäger, sojasås och sesamolja.

b) Häll i tärnad tofu i dressingen och låt den marinera i 15 minuter.

c) Lägg upp grönsallad, körsbärstomater och gurka på en tallrik.

d) Toppa med marinerad tofu och ringla över extra dressing om så önskas.

71.Koreansk potatissallad (Gamja sallad)

INGREDIENSER:

- 2 stora potatisar, skalade och tärnade
- 1 morot, skalad och tärnad
- 2 hårdkokta ägg, tärnade
- 1/4 kopp majonnäs
- 1 msk sötad kondenserad mjölk
- 1 matsked vinäger
- Salta och peppra efter smak
- Hackad salladslök till garnering

INSTRUKTIONER:

a) Koka tärnad potatis och morötter i en kastrull med saltat vatten tills de är mjuka, ca 10-15 minuter. Häll av och låt svalna.

b) Kombinera den kokta potatisen, morötterna och tärnade hårdkokta äggen i en stor blandningsskål.

c) I en separat liten skål, blanda ihop majonnäs, sötad kondenserad mjölk, vinäger, salt och peppar för att göra dressingen.

d) Häll dressingen över potatisblandningen och rör tills den är väl täckt.

e) Garnera med hackad salladslök innan servering.

f) Servera kyld som en krämig och tröstande tillbehör.

72.Koreansk tångsallad (Miyeok Muchim)

INGREDIENSER:

- 1 kopp torkad miyeok (tång)
- 2 msk sojasås
- 1 msk sesamolja
- 1 msk risvinäger
- 1 tsk socker
- 1 tsk sesamfrön
- 1 vitlöksklyfta, finhackad
- 1 salladslök, finhackad
- 1 tsk gochugaru (koreanska rödpepparflingor) (valfritt)
- Salt att smaka

INSTRUKTIONER:

a) Blötlägg den torkade miyeoken i kallt vatten i cirka 10-15 minuter, eller tills den återfuktad. Häll av och skölj väl under kallt vatten. Krama ur överflödigt vatten och skär i lagom stora bitar.

b) I en mixerskål, kombinera rehydrerad miyeok, hackad vitlök, sojasås, sesamolja, risvinäger, socker, sesamfrön, hackad salladslök och gochugaru (om du använder).

c) Rör om tills det är väl blandat och smaka av med salt.

d) Låt salladen marinera i kylen i minst 30 minuter innan servering.

e) Servera kyld som en näringsrik och smakrik tillbehör.

SOPPAR

73.Nötkålssoppa/Sogogi Baechu Doenjang-Guk

INGREDIENSER:

- ½ kinakål
- 300 g (10½ oz) tjock biff
- 4 vitlöksklyftor
- 1 msk sesamolja
- 2 msk matganjangsås
- 1 liter (4 koppar) vatten
- 70 g (2½ oz) doenjang fermenterad sojabönpasta

INSTRUKTIONER:

a) Skär den halva kinakålen i två fjärdedelar. Ta bort basen. Skär varje fjärdedel i cirka 2 cm (¾ tum) breda bitar. Tvätta och låt rinna av. Klappa köttet med hushållspapper för att absorbera överflödigt blod. Skär nötköttet i lagom stora bitar. Krossa vitlöken.

b) Hetta upp sesamoljan i en kastrull på hög värme. Tillsätt kött, vitlök och mat ganjang. Fräs tills utsidan av nötköttet är genomstekt. Häll i vattnet och låt koka upp. Tillsätt kålen och doenjang. Låt puttra i ytterligare 15 minuter på medelvärme.

74.Koreansk bönmassasoppa

INGREDIENSER:

- 1 msk vitlökspasta
- 3 ½ dl vatten
- ½ matsked dashi granulat
- 3 matskedar koreansk bönmassa
- 1 zucchini, tärnad
- ¼ pund färska champinjoner, i fjärdedelar
- 1/ msk koreansk pepparpasta
- 1 potatis, skalad och tärnad
- 1 – 12-ounce förpackning mjuk tofu, skivad
- 1 lök, tärnad

INSTRUKTIONER:

a) Tillsätt vattnet i en stor kastrull, tillsätt vitlök, peppar och ostmassa.

b) Värm tills det kokar och fortsätt koka i 2 minuter för att hjälpa till att lösa upp pastorna.

c) Tillsätt sedan potatisen, löken, zucchinin och svampen, rör ihop, låt koka upp i ytterligare 6 minuter.

d) Tillsätt till sist tofun, när denna har ökat i storlek och grönsakerna är mjuka, servera i skålarna och njut.

75.Koreansk tångsoppa

INGREDIENSER:

- 2 tsk sesamolja
- 1 – 1 uns pack torkad brun tång
- 1 ½ msk sojasås
- ¼ pund oxfilé, finhackad
- 6 dl vatten
- 1 tsk salt
- 1 tsk finhackad vitlök

INSTRUKTIONER:

a) Placera tången i en behållare med vatten och täck, låt den dra tills den blir mjuk, skär sedan i bitar 2 tum långa.

b) Sätt en kastrull på värmen, häll sedan i oljan, salt efter smak, nötkött och ½ msk sojasås, blanda under omrörning i 1 minut.

c) Blanda sedan i tången med resten av sojasåsen, koka i ytterligare 1 minut.

d) Tillsätt nu 2 dl vatten och värm tills det börjar koka.

e) Häll ner vitlöken med resten av vattnet, när det kokar igen, sänk värmen och koka på låg i 20 minuter.

f) Korrigera kryddningen och servera.

76.Miso ingefära soppa

INGREDIENSER:

- 2 tsk rostad sesamolja
- 2 tsk rapsolja
- 3 vitlöksklyftor, hackade
- 1 msk nyriven ingefära
- 6 dl grönsaksfond
- 1 ark kombu, skuren i små bitar
- 4 tsk vit misopasta
- 1 (3,5 ounce) paket shiitakesvamp, skivad (cirka 2 koppar)
- 8 uns fast tofu, i tärningar
- 5 baby bok choy, hackad
- ¼ kopp skivad salladslök

VÄGBESKRIVNING

a) Värm sesamoljan och rapsoljan i en stor kastrull eller holländsk ugn på medelvärme. Tillsätt vitlök och ingefära och koka, rör om ofta, tills det doftar, 1 till 2 minuter. Rör ner fond, kombu och misopasta och låt koka upp. Täck över, minska värmen och låt sjuda i 10 minuter. Rör ner svampen och koka tills de är mjuka, ca 5 minuter.

b) Rör ner tofun och bok choy och koka tills tofun är genomvärmd och bok choy är precis mjuk, cirka 2 minuter. Rör ner salladslöken. Servera omedelbart.

c) Eller, för att förbereda i förväg, låt buljongen svalna helt i slutet av steg 1. Rör sedan ner tofun, bok choy och salladslök. Fördela i lufttäta behållare, täck över och ställ i kylen i upp till 3 dagar. För att värma upp, placera i mikrovågsugnen i 30-sekunders intervall tills den är genomvärmd.

77.Pilgrimsmusslsoppa/Sigeumchi Doenjang-Guk

INGREDIENSER:

- 250 g (9 oz) färsk spenat
- 200 g (7 oz) små pilgrimsmusslor
- 1,5 liter (6 koppar) vatten, helst från den 3:e tvätten av vitt ris
- 130 g (4½ oz) doenjang fermenterad sojabönpasta
- 4 matskedar matganjangsås
- Salt

INSTRUKTIONER:

a) Tvätta den färska spenaten noga och låt rinna av. Skölj pilgrimsmusslorna och låt rinna av.

b) Koka upp vattnet. Tillsätt doenjang-fermenterad sojabönpastan.

c) När doenjang är väl upplöst, tillsätt pilgrimsmusslorna.

d) Så snart kokningen återupptas, koka i 5 minuter och tillsätt sedan spenaten. Låt spenaten vissna i ca 3 minuter. Tillsätt mattan ganjang. Kontrollera smaksättningen och tillsätt salt efter behov.

78.Räkrissoppa

INGREDIENSER:

- 1 msk sesamolja
- 2 dl vitt ris
- 1 msk risvin
- 9 ounces räkor, skalade och deveinerade
- 12 dl vatten
- Krydda efter smak

INSTRUKTIONER:

a) Ta riset och skölj det, lägg på sidan i 120 minuter.

b) Tillsätt oljan i en panna och värm upp, en gång varm droppa i räkorna med risvinet och koka i en minut, tillsätt sedan riset, rör om och stek i 1 minut till.

c) Häll i vattnet och värm tills det kokar, när riset har expanderat till 3 gånger storleken, sänk värmen.

d) Koka i ytterligare 10 minuter.

e) Korrigera kryddningen och servera medan den fortfarande är varm.

79.Doenjang Ramen Soppa

INGREDIENSER:

- 2 matskedar doenjang
- 4 dl grönsaks- eller kycklingbuljong
- 2 förpackningar ramennudlar
- 1 kopp skivad svamp
- 1 kopp baby bok choy, hackad
- 1 morot, tunt skivad
- 1 msk sesamolja

INSTRUKTIONER:

a) I en kastrull, lös doenjang i buljongen och låt koka upp.

b) Koka ramennudlarna enligt anvisningarna på förpackningen.

c) Tillsätt svamp, bok choy och morötter till buljongen. Sjud tills grönsakerna är mjuka.

d) Rör i sesamolja och servera över kokta ramennudlar.

80.Torkad torsksoppa

INGREDIENSER:

- 9 ounces mjuk tofu
- 2 – 3 dl torkad Pollack
- 2 vitlöksklyftor, hackade
- 3 salladslökar
- 3 ½ msk sesamolja
- 3 ½ kopp Dashida, koreansk fond
- Salt att smaka
- 1 ägg
- 5 koppar vatten
- Böngroddar, om så önskas
- Rödpepparflingor om så önskas

INSTRUKTIONER:

a) Skär fisken i tunna strimlor, ungefär 1,5 cm långa.

b) Hetta upp oljan i en panna och stek fiskstrimlorna i 3 minuter.

c) Häll sedan i vattnet med den koreanska fonden och vitlöken, lägg på ett lock och värm tills det kokar, sänk sedan värmen.

d) Tärna tofun i ½ tums bitar och lägg i pannan.

e) Om du använder böngroddar lägg till dem nu.

f) Sätt på locket igen och koka i 15 minuter.

g) Vispa ägget med en liten skål.

h) Rör ner i soppan, blanda väl, tillsätt nu salladslöken, skuren i 1 tums längder.

i) Koka i ytterligare 2 minuter och korrigera kryddningen.

j) Diska upp varmt.

k) Pudra med pepparflingor om så önskas.

l) Kan ätas med ångat ris.

81.Oxbringa och magsoppa

INGREDIENSER:

- 1 salladslök, hackad till varje serveringsskål
- 1 paket oxsvansben inklusive kött, koreansk stormarknad
- Krydda efter smak
- 1½ liter vatten

INSTRUKTIONER:

a) Tillsätt oxsvansen i en skål med vatten och låt den dra, ta bort överflödigt blod, byt vatten 2-3 gånger.

b) Lägg till benen i en stor kastrull när de är klara och täck dem med 1 ½ liter vatten.

c) Sätt på spisen och tillaga minst 6 timmar, ju längre du lagar desto bättre smak och kött.

d) Medan den kokar, fortsätt att skumma bort oljan som dyker upp på toppen, håll vattennivån på cirka 1 liter under tillagningen.

e) När den är klar ska färgen se krämig ut.

f) Korrigera kryddningen.

g) Servera i skålar med oxsvansen och strö över den hackade salladslöken.

82.Sojabönskålssoppa

INGREDIENSER:

- 1 salladslök, hackad
- 2 dl sojabönsroddar
- 2 msk sojasås
- 2 vitlöksklyftor, hackade
- 5 koppar vatten
- 1 msk sesamolja
- 1 – 2 msk rödpepparflingor, om så önskas
- 1 tsk salt

INSTRUKTIONER:

a) Rengör sojabönskålen i vatten, töm sedan av, ta bort oönskade delar.

b) Tillsätt oljan i en kastrull och när den är varm stek vitlöken, tillsätt sojasåsen samtidigt, koka i 3 minuter.

c) Häll i vattnet och lägg på groddarna och krydda, värm tills det börjar koka.

d) Sänk nu värmen och koka på låg i 20 minuter med lock på.

e) Om du vill lägga till röda paprikaflingor, lägg i dessa 5 minuter innan tillagningen är slut.

f) Ta av värmen och servera i skålar med den hackade salladslöken ovanpå.

83.Kyckling och ginseng soppa

INGREDIENSER:

- 2 msk vitlök, finhackad
- 1 tsk sesamfrön
- 2 msk färsk ingefära, finhackad
- 8 dl kycklingbuljong
- 1 msk sojasås
- 1 – 2 tsk röd chilipepparpasta
- ½ kopp ris
- 1 tsk rostad sesamolja
- 2 salladslökar, fint hackade
- 1 kopp strimlad kokt kyckling

INSTRUKTIONER:

a) Stek fröna i 1 minut tills de är gyllene i en torr stekpanna, lägg sedan åt sidan.

b) Använd en stor kastrull, tillsätt vitlök, buljong och ingefära och värm tills det kokar.

c) När det kokar blanda i chilipasta, soja och sesamolja.

d) Häll i kycklingen och värm tills den blir varm.

e) Lägg soppan i serveringsskålarna och avsluta med salladslöken och fröna ovanpå.

84.Nudelsoppa med ris och nötkött

INGREDIENSER:

- ½ hel koreansk rädisa
- ½ pund biff med revben
- ¼ pund kinesiska nudlar
- 1⅓pund nötkött
- 5 vitlöksklyftor
- 1 salladslök, stor och hackad
- Krydda efter smak

INSTRUKTIONER:

a) Ta upp nötköttet och tärna i munsstorlekar.

b) Skär rädisan i två bitar.

c) Koka dem nu tillsammans i en stor kastrull med 30 dl vatten, när det väl kokar sänk värmen och låt sjuda i 60 minuter.

d) När köttet är mört, ta upp det ur buljongen, tillsammans med rädisan, låt buljongen svalna och skumma bort överflödigt fett.

e) När du kan hantera rädisan skiva i⅛ tjocka skivor.

f) Lägg tillbaka köttet med den skivade rädisan i buljongen och låt koka upp igen denna gång och tillsätt nudlarna.

g) Häll i salladslöken och korrigera kryddningen med salt och peppar.

h) Servera i soppskålar och njut.

85.Koreansk knivskuren nudelsoppa

INGREDIENSER:

- ½ tesked finhackad vitlök
- 4 ½ dl torkad ansjovis och kelpfond eller vatten
- ½ tsk fint havssalt
- 1 tsk sojasås
- Vatten för att koka nudlarna
- 1,7 uns morot, skuren i tunna strimlor
- 10 uns kalguksu eller ramennudlar
- 1,4 uns shitake-svampar, tunna skivor
- 3,5 uns zucchini, skuren i tunna skivor
- 3,5 uns räkor, huvud och svans borttagna, deveirade
- 4,5 uns färska eller frysta smallneck musslor, rengjorda
- 1 salladslök, hackad

INSTRUKTIONER:

a) Ställ två kastruller på spisen, en med vatten till nudlarna och värm tills det kokar. Den andra använder en stor gryta och tillsätt kelpfonden eller vattnet och låt koka upp.

b) Koka nudlarna i 3 minuter, sila och skölj när de är klara och lägg på sidan.

c) Lägg i morötterna, svampen och zucchinin i huvudgrytan, koka i 2 minuter och släpp sedan i musslor och räkor i ytterligare 2 minuter.

d) Tillsätt sist nudlarna och rör ihop.

e) En gång varm servera i skålar.

f) Notera. Om du använder vatten istället för fond tillsätt extra sojasås och krydda för extra smak.

86.Fläskhalssoppa

INGREDIENSER:

- 1 liten lök
- 3-kilos fläskhals
- 10 svartpepparkorn
- 1 bit färsk ingefära i storlek tumme, skalad
- 3 msk perillafröpulver
- 10 vitlöksklyftor
- 3 msk risvin
- 1 tsk mald ingefära
- 3 matskedar koreansk röd paprikapulver
- 3 msk fisksås
- 4 små krämiga potatisar, skalade
- 1 knippe kinakål eller bok choy
- 5 salladslökar, hackade
- Krydda efter smak
- 10 perillablad

INSTRUKTIONER:

a) Lägg fläsket i vatten och lägg i blöt i 120 minuter, rengör vattnet efter 60 minuter.

b) När det är klart, lägg köttet i en stor gryta, täck med vatten och värm tills det kokar, låt koka i 6 minuter.

c) Sila nu av vattnet och skölj köttet med kallt vatten.

d) Rensa ur grytan, lägg sedan i köttet igen och häll tillräckligt med vatten så att det täcker det.

e) Häll i hela löken, 4 vitlöksklyftor, ingefära och pepparkorn, värm detta tills det kokar, sänk värmen till en sjud och koka i 90 minuter.

f) Blanda under tiden ihop risvinet, perillafröpulver, röd paprika, fisksås, 6 vitlöksklyftor och ingefärapulver.

g) När såsen är blanda väl, lägg åt sidan.

h) När det är klart, ta ut fläsket från fonden och lägg åt sidan.

i) Ta bort ingefäran, lökpepparkornen och vitlöken, returnera nu fläsket.

j) Lägg i potatisen med såsen och blanda ihop, krydda och koka i ytterligare 20 minuter.

k) Häll till sist i perillabladen och kålen, koka i 2-3 minuter.

l) Servera i skålar med salladslöken och svartpeppar ovanpå.

DESSERTER

87.Söta koreanska pannkakor

INGREDIENSER:

- 1 matsked strösocker
- 1 ¾ koppar brödmjöl
- 2 ¼ tsk snabbjäst
- 1 ¼ koppar sött rismjöl
- 1 matsked vegetabilisk olja
- 1 tsk salt
- 5 matskedar olja, för stekning
- 1 ½ dl ljummen mjölk
- För fyllningen
- 1 tsk kanel
- ⅔ kopp farinsocker
- 2 msk finhackade nötter, valfritt

INSTRUKTIONER:

a) Använd en stor skål, blanda ihop jäst, mjöl, socker och salt, blanda väl.

b) Häll nu 1 msk olja i mjölken och rör ner i den torra blandningen, vispa i 2 minuter, lägg sedan en trasa över toppen och vila i rummet i 60 minuter.

c) När den har fördubblats i storlek, slå tillbaka den och vila igen i 15 minuter.

d) Blanda under tiden ihop ingredienserna till fyllningen och lägg på sidan.

e) Dela degblandningen i 8 bitar, smörj händerna och lägg 1 bit i taget i handen och tryck ner den till en skiva, cirka 4 tum bred.

f) Tillsätt 1 ½ msk av sockermixen i mitten, vik nu in kanterna mot mitten och förslut.

g) Tillsätt oljan i stekpannan och värm på medel till låg temperatur.

h) Lägg bollen i den heta oljan med den förseglade sidan nedåt, tryck sedan ner för att platta ut, du kan använda en spatel för detta.

i) Om du upptäcker några hål, använd lite deg för att täppa till dem.

j) Koka i 3 minuter, vänd en gång krispigt och koka i ytterligare 3 minuter.

k) Ta ut när den är gyllene.

l) Låt svalna något innan du äter, sockercentret blir varmt.

88.Koreanska honungspocherade päron

INGREDIENSER:

- ½ uns färsk ingefära, skalad och tunt skivad
- 1 pund koreanska päron, skalade
- 24 svartpepparkorn
- 3 koppar vatten
- 2 msk socker eller honung
- Pinjenötter till slut om så önskas

INSTRUKTIONER:

a) Häll vattnet i en kastrull och tillsätt ingefäran, värm tills det kokar och låt stå i 6-8 minuter.

b) Skär under tiden päronen i 8 klyftor.

c) Tryck nu in 3 pepparkorn i varje päronklyfta, se till att de går rakt in och inte faller ut.

d) Ta ut ingefäran ur vattnet och lägg i sockret eller honungen och päronen, låt sjuda i 10 minuter.

e) När den är klar, ta ut och svalna, ställ sedan in i kylen för att kyla.

f) Servera kall eller kan serveras varm om så önskas, pudra med nötter om du använder.

89.Koreansk mjölkissorbet

INGREDIENSER:

- 2 msk mini mochi riskakor
- 2 skopor sötad röd bönpasta
- 4 teskedar koreanskt flerkornspulver
- 2-3 stycken koreanska klibbiga riskakor, belagda med rostat sojabönpulver, skurna i ¾ tums tärningar
- 4 tsk naturliga mandelflingor
- För isen
- 2 msk kondenserad mjölk, sötad
- 1 dl mjölk

INSTRUKTIONER:

a) Blanda samman den kondenserade mjölken och mjölken i en kopp med en läpp för att hälla upp.

b) Lägg blandningen i en isbricka och frys tills den blir isblock, cirka 5 timmar.

c) När de har stelnat, ta bort och placera dem i en mixer, eller om du kan raka dem, pulsera tills de är jämna.

d) Lägg alla ingredienser i en serveringsskål som har svalnat.

e) I basen lägg 3 matskedar sorbet, pudra sedan med 1 tsk flerkornspulver.

f) Tillsätt sedan ytterligare 3 matskedar av sorbeten, följt av mer spannmålspulver.

g) Lägg nu riskakorna och bönpasta ovanpå.

h) Pudra över mandel och servera.

90.Koreanska riskaksspett

INGREDIENSER:

- Olja för matlagning
- 32 stycken koreanska riskakor
- 2 msk krossade nötter, valfritt eller sesamfrön
- Till såsen
- 1 matsked honung
- 1 ½ msk tomatsås
- 1 tsk mörkt farinsocker
- 1 msk koreansk chilipasta
- ½ msk sojasås
- ¼ tesked finhackad vitlök
- 1 tsk sesamolja

INSTRUKTIONER:

a) Tillsätt riskakorna i kokande vatten så att de blir mjuka i endast 30 sekunder, skölj sedan under kallt vatten och låt rinna av.

b) Använd hushållspapper och torka dem från överflödigt vatten.

c) Sätt en andra kastrull på spisen och tillsätt såsingredienserna, värm upp och rör om för att smälta sockret eller honungen, fortsätt röra för att förhindra att den bränns, ta av när den är tjock.

d) Lägg kakorna på ett spett och se till att det passar i din stekpanna.

e) Hetta upp lite olja i en stekpanna, en gång varm lägg i spetten och stek i 1 minut.

f) Ta ut och smeta med såsen överallt.

g) Avsluta med sesamfrön eller nötter.

91.Koreansk jordgubbskiwirulltårta

INGREDIENSER:

- 1 kopp socker
- 11 matskedar universalmjöl
- 1 matsked vatten
- 6 stora ägg
- 1 matsked varmt vatten
- 2 koppar tung grädde
- 3 matskedar vegetabilisk olja
- 1 tsk vaniljextrakt
- 1 dl jordgubbar, hackade
- 2 matskedar honung
- 1 dl kiwi, hackad

INSTRUKTIONER:

a) Värm spisen till 375⊡F och lägg bakplåtspapper på en 16×11 bakplåt.

b) Passera mjölet genom en sil i en mixerskål.

c) Vispa äggvitorna i 60 sekunder tills de blir skummande, tillsätt sedan långsamt sockret och vispa tills det når toppar, om du har en elektrisk mixer skulle detta vara bättre.

d) Tillsätt sedan försiktigt äggulorna en efter en vispning i 60 sekunder mellan tillsättningen, när alla är i, tillsätt vatten och olja, vispa igen i 10 sekunder.

e) Blanda nu i mjölet långsamt och blanda väl.

f) Tillsätt kakmixen i bakplåten och släpp plåten ett par gånger för att slå ut eventuell luft.

g) Tillaga i ugnen i 12-15 minuter.

h) När du är klar ta ut och lägg bakplåtspapper ovanpå, vänd sedan ut, ta av pappret från basen och lägg på ett galler.

i) Rulla ihop den med bakplåtspapper medan den är varm och låt den ligga kvar i kakrullen.

j) Låt den svalna i ytterligare 10 minuter.

k) I väntan blanda ihop honung och vatten och lägg vid sidan om.

l) Vispa grädden med vanilj och resten av sockret tills den toppar.

m) Ta sedan tårtan och rulla ut den, ta ut papperet och skär ena änden i vinkel för att få en finish.

n) Smörj honungen över kakan följt av grädden.

o) Tillsätt kiwi och jordgubbar, rulla sedan ihop det, håll det runt genom att lägga bakplåtspapper runt utsidan.

p) Låt stå i kylen i 20 minuter för att hålla formen.

q) Ta skiva och servera.

92.Koreansk Yakwa Dessert

INGREDIENSER:

- ¼ kopp soju
- 2 ¼ koppar bakverksmjöl eller mediumproteinmjöl
- ¼ kopp honung
- ¼ kopp sesamolja
- 1 tsk bakpulver
- 2 msk hackade pinjenötter
- ⅛ tesked salt
- 2 msk smält smör
- ¼ tesked bakpulver
- För sirapen
- 2 koppar vatten
- 1 kopp rissirap
- 1 msk färsk riven ingefära
- 1 kopp honung

INSTRUKTIONER:

a) Värm kaminen till 250◻F.

b) Häll salt, bakpulver, pulver och mjöl i en skål och blanda ihop.

c) Tillsätt nu sesamoljan och använd händerna för att blanda ihop.

d) Använd en mindre skål och blanda ihop honung och soju, tillsätt sedan till degblandningen, blanda försiktigt i.

e) När du har fått degen dela den i 2 bitar.

f) Lägg 1 halva på en bänkskiva och kavla ut till en ¼ tum tjock rektangel.

g) Skär i 1×1 tums bitar eller kan skäras diagonalt för att bilda diamanter.

h) Sätt hål i toppen med en gaffel och smör på toppen av varje.

i) Lägg på en plåt och tillaga i ugnen i 15 minuter.

j) Tillsätt under tiden honung, vatten och rissirap i en kastrull eller stekpanna och värm under omrörning till en kokning, stäng sedan av värmen och rör ner ingefäran, låt stå vid sidan av.

k) Sätt upp spisen till 300◻F och i ytterligare 10 minuter.

l) Vrid nu spisen till 350◻F för sista gången och koka i ytterligare 7 minuter, eller tills den blir gyllenbrun.

m) När du har tagit ut dem, lägg direkt i sirapen och låt stå i ½ timme, ju längre desto bättre.

n) Ta ut vid servering och pudra över pinjenötter.

93.Koreansk tapiokapudding

INGREDIENSER:

- 2 ½ stora äggulor
- 3 dl helmjölk
- ¼ kopp socker
- ⅓ kopp små tapiokapärlor
- 1 vaniljstång
- ¼ tesked rent vaniljextrakt
- 3 matskedar koreanskt honung-citronte
- ½ tsk salt

INSTRUKTIONER:

a) Placera mjölken i en 4-koppshållare, tillsätt ¾ kopp i en kastrull med en tjock botten och lägg i tapiokan, låt stå i 60 minuter.

b) Vispa ihop äggulor, socker och salt, skär upp vaniljfröet och ta bort fröna, tillsätt dessa i 4-koppshållaren.

c) När tapiokan är klar, blanda i vaniljsåsblandningen och ställ på spisen tills det kokar, glöm inte att röra om.

d) När det kokar sänk värmen och låt sjuda i 20 minuter.

e) Ta av värmen och blanda i vaniljextraktet med det koreanska teet.

f) Servera när den är klar.

94.Koreansk kryddig riskaka

INGREDIENSER:

- 2 tsk socker
- 1 kopp riskaka
- 1 tsk sojasås
- 2 tsk koreansk kryddig bönpasta
- Sesamfrön till avslutning
- ¾ kopp vatten

INSTRUKTIONER:

a) Tillsätt vattnet i en kastrull med bönpasta och socker, värm tills det kokar.

b) Häll nu i riskakan, sänk värmen och koka på låg i 10 minuter.

c) Servera när den är klar.

95.Bakade päron i Wonton chips

INGREDIENSER:

- ½ tsk mald kanel, delad
- 2 koreanska päron
- ½ kopp plus 1 msk honung, delad
- 4 - 6×6 wonton omslag
- ¼ kopp mascarpone
- 1 ½ msk smält osaltat smör

INSTRUKTIONER:

a) Värm spisen till 375⊠F och klä en bakplåt med bakplåtspapper.

b) Skiva ½ tum av basen och toppen av päronet.

c) Skala dem nu och skär genom mitten horisontellt, ta ut fröna

d) Placera omslagen på en torr plan yta, lägg till det halva päronet i varje omslag och pudra med kanel, strö sedan över lite honung ca 1 matsked.

e) Lyft upp hörnen och försegla med honung.

f) Sätt dessa på bakplåten och tillaga i ugnen i 45 minuter, om degen färgar för mycket bara täck med lite folie.

g) Blanda ihop resten av honung, kanel och mascarpone till en slät mix.

h) Servera paketen med mascarpone.

96.Hälsosam söt riskaka

INGREDIENSER:

- ½ kopp torkad kabocha eller annan typ av pumpa
- 1 kopp blötlagda svarta sojabönor
- 10 kastanjer, i fjärdedelar
- 12 torkade dadlar
- ½ kopp valnötter, i fjärdedelar
- ⅓kopp mandelmjöl
- 5 koppar fryst vått sött rismjöl, upptinat
- 3 matskedar socker

INSTRUKTIONER:

a) Tvätta pumpan rehydrate med en matsked vatten, tillsätt mer om det behövs för att göra den mjuk.

b) Använd en stor skål, blanda ihop socker, mandelmjöl och rismjöl, blanda väl.

c) Tillsätt nu 2 msk vatten och gnugga ihop med händerna, försök att göra det klumpfritt.

d) Blanda sedan i resten av ingredienserna och rör ihop.

e) Placera en ångpanna på spisen och använd en våt trasa för att fodra korgen.

f) Tillsätt blandningen med en stor sked och jämna ut, lägg en trasa över toppen och ånga i ½ timme.

g) Ta ut när det är klart och svalna, när du kan hantera det ta ut och vänd upp på en arbetsyta.

h) Ta av duken och skär och forma i serveringsdrycker.

KRYDDER

97.Koreansk BBQ-sås (Kalbi- eller Bulgogi-sås)

INGREDIENSER:

- 1/2 kopp sojasås
- 1/4 kopp farinsocker
- 2 msk risvinäger
- 2 msk mirin (risvin) eller äppeljuice
- 2 vitlöksklyftor, hackade
- 1 msk sesamolja
- 1 msk riven ingefära
- 1 matsked gochujang (koreansk chilipasta) (valfritt för kryddighet)
- 1 msk sesamfrön
- 2 salladslökar, hackade

INSTRUKTIONER:

a) I en skål, vispa ihop sojasås, farinsocker, risvinäger, mirin, finhackad vitlök, sesamolja, riven ingefära och gochujang (om du använder det) tills det är väl blandat.

b) Rör ner sesamfrön och hackad salladslök.

c) Använd såsen som en marinad för bulgogi (tunt skivad nötkött) eller kalbi (koreanskt korta revbensspjäll) innan du grillar, eller som dippsås för grillat kött och grönsaker.

98.Ssamjang sås

INGREDIENSER:

- 40 g (1½ oz) gochujang chilipasta
- 30 g (1 oz) doenjang fermenterad sojabönpasta
- 1 tsk socker
- 1 msk sesamolja
- ½ msk sesamfrön
- 2 pressade vitlöksklyftor

INSTRUKTIONER:

a) Blanda ihop alla ingredienserna.

b) Såsen håller sig i 2 veckor i en försluten behållare i kylen.

99.Yangnyeom Jang doppsås för klimpar

INGREDIENSER:

- 1/4 kopp Yangnyeom Jang
- 1 msk risvinäger
- 1 tsk sesamolja
- 1 tsk socker
- 1 salladslök, finhackad

INSTRUKTIONER:

a) Blanda Yangnyeom Jang, risvinäger, sesamolja, socker och hackad salladslök i en skål.

b) Rör om tills det är väl blandat.

c) Använd som dippsås till dina favoritknödar.

100.Maesil Jang Salladsdressing

INGREDIENSER:
- 1/4 kopp maesil jang
- 2 matskedar olivolja
- 1 msk risvinäger
- 1 tsk sojasås
- Salta och peppra efter smak

INSTRUKTIONER:
a) Vispa ihop maesiljang, olivolja, risvinäger, sojasås, salt och peppar.
b) Ringla dressingen över din favoritsallad precis innan servering.

SLUTSATS

När vi når slutet av " Mopp Gata Mat Kokbok ", hoppas vi att du har blivit inspirerad att utforska den rika och mångsidiga världen av koreansk gatumat i ditt eget kök. Från det fräsande av kokplattor till doften av kryddiga såser, koreansk gatumat är en hyllning till djärva smaker, tröstande texturer och gemensamma middagsupplevelser. När du fortsätter din kulinariska resa kan varje recept du provar föra dig närmare den livliga andan i Seouls livliga matscen.

När de sista sidorna i den här kokboken har vänts och smakerna av koreansk gatumat hänger kvar i gommen, vet att resan inte slutar här. Dela din kärlek till det koreanska köket med vänner och familj, experimentera med nya ingredienser och tekniker, och låt din kreativitet skjuta i höjden när du återskapar magin i Seouls livliga matstånd i ditt eget kök.

Tack för att du följer med oss på detta läckra äventyr genom Seouls gator. Må ditt kök fyllas med de oemotståndliga aromerna av koreansk gatumat, ditt bord med glädjen av gemensamma måltider och ditt hjärta med värmen av kulinarisk utforskning. Tills vi ses igen, glad matlagning och god aptit!